음식점 창업과 경영 전략

신신자 지음   핸뉴북스

머리말

　음식점을 창업한 사람들은 누구나 많은 손님이 매장을 방문해서, 맛있게 음식을 먹어주고, 그로 인해 수입이 증대하는 것을 꿈꾸고 있다. 그러나 전통적으로 음식점업의 진입장벽이 낮기 때문에 많은 예비 자영업자들이 음식점업에 쉽게 뛰어들고 있다. 이는 음식점 창업은 다른 자영업에 비해 까다로운 자격증이나 기술이 요구되지 않고, 상대적으로 적은 자본으로도 쉽게 창업이 가능하기 때문이다. 그래서 특별한 기술이나 경험 없이도 남들처럼 따라 하면 될 것이라는 안이한 생각으로 음식점업 창업에 뛰어들었다가 쓴맛을 보는 사람들이 많다.

　실제로 음식점을 창업하고 1년 안에 폐업하는 사례가 73.6%가 넘으며 2년 이내 폐업율은 약 84%에 이른다는 충격적인 결과나 나왔다. 그리고 음식점 자영업자 5명 중 4명은 창업과 경영에 관련된 어떤 교육도 받지 않은 체 음식점을 창업하고 운영하고 있는 것으로 나타났다. 그러다 보니 많은 음식점 창업자나 운영자들은 현상 유지를 하거나 적자에 시달리다가 폐업하는 씁쓸한 결과를 맞게 되면서 그동안의 투자비와 노력이 헛고생이 되고 있다.

　음식점을 창업하는 데는 많은 비용과 노력이 필요하다. 그러나 막상 영업을 시작하고 나면 어디서부터 어떻게 해야 많은 손님과 함께 수입을 증대할 수 있는지 막연해지는 게 현실이다. 또한 주변의 경쟁 업체뿐만 아니라 계속해서 음식점이 창업되면서 무한 경쟁으로 빠지게 되면 더욱 가슴은 더욱 답답해지고, 머릿속은 멘탈 붕괴에 빠지기 쉽다.

　치열한 경쟁 환경 속에서 고객을 늘리고, 매출을 증가시키기 위해서는 남들보다 더 잘 경영할 수 있는 방법과 가능성을 찾아서 목표를 세우고 전략적으로 행동해야 한다. 그렇지 않다면 외식업계에서 생존하기 어려울 뿐만 아니라, 살아남는다고 해도 남들과 경쟁에서 이길 수 없게 된다.

과거에는 손님이 좋아할 만한 메뉴와 서비스만 갖추면 음식점 운영을 잘하는 것으로 인정받았으며, 많은 수익이 생기고, 점포가 성장할 수 있었다. 그러나 현재는 과학 기술의 발전과 인터넷의 보급과 전 국민의 스마트폰의 사용으로 인하여 경영 환경이 매우 급속하게 변화를 하고 있다. 이처럼 시대가 급변하니만큼 시장과 기술변화에 대한 빠른 대응과 창의적인 경영 마인드가 중요해졌다. 그래서 탄생한 것이 바로 음식점 경영 전략인 것이다.

음식점 경영 전략은 변동하는 외식산업의 환경 아래서 음식점의 존속과 성장을 도모하기 위해 환경의 변화에 대하여 활동을 계획적으로 적응시켜 나가는 일관된 의사 결정의 집합을 말한다. 즉 음식점에서의 경영 전략은 음식점이 가지고 있는 자원을 최대한 활용하여 다른 동종의 점포에 비해서 경쟁우위를 높이고, 매출을 높이는 전략이기도 하다.

이 책은 음식점의 매출 증대를 위한 각종 경영 노하우를 제시하고 있다. 이 책을 통하여 손님을 늘리고, 매출을 증대하고 싶은 음식점 창업자나 점주에게 도움이 되기를 간절히 바래 본다.

지은이 신신자

목 차

머리말 ·· 3
목 차 ··· 5

제1장 음식점 경영이란? ·· 9
1. 음식점의 정의와 종류 ·· 11
2. 영업 형태에 따른 음식점의 구분 ································· 12
3. 메뉴 형태에 따른 음식점의 구분 ································· 14
4. 음식점 경영 전략의 정의와 필요성 ····························· 18
5. 외식산업의 정의와 전망 ··· 19
6. 음식점 매니저의 정의와 필요성 ··································· 21

제2장 음식점 경영 업무 ·· 23
1. 음식점 경영 업무 ··· 25
2. 출근 시 업무 ·· 28
3. 영업 업무 ·· 31
4. 폐점 준비 업무 ··· 32
5. 입출금 확인 ·· 34

제3장 매출 증대를 위한 마케팅 관리 ··· 35
1. 마케팅이란? ·· 37
2. 마케팅 계획 ·· 38
3. 시장 현황 분석을 위한 상권 분석 ······························· 39
4. 매출 증가를 위한 고객 니즈 분석 ······························· 43
5. 경쟁력을 높이기 위한 경쟁우위 전략 ························· 45
6. 장점을 살리고 약점을 줄이는 SWOT 분석 ················ 46

7. 마케팅 목표 설정 ·· 49
　　8. 매출 증대를 위한 브랜드 이미지 관리 ·············· 51
　　9. 마케팅 비용 관리 ·· 54

제4장 매출 증대를 위한 홍보 방법 ························ 57
　　1. 홍보란 무엇인가? ·· 59
　　2. SNS를 활용한 홍보 ·· 61
　　3. 유튜브를 활용한 홍보 ······································ 65
　　4. DM을 활용한 홍보 ·· 68
　　5. 신문을 활용한 홍보 ·· 69
　　6. 전화를 활용한 홍보 ·· 70

제5장 단골손님을 늘리는 고객관리 ······················ 71
　　1. 고객의 성격 ·· 73
　　2. 고객관리 ·· 77
　　3. 고객만족을 높이는 방법 ·································· 80
　　4. 단골 고객을 늘리는 방법 ································ 81
　　5. 불만 고객을 줄이는 방법 ································ 86
　　6. 고객 정보 관리 ·· 90
　　7. 고객 증가 우수 사례에 대한 벤치마킹 ············ 92
　　8. 고객 분석 ·· 94

제6장 서비스 관리 ··· 97
　　1. 서비스의 정의와 중요성 ·································· 99
　　2. 접객 서비스 ·· 103
　　3. 매장에서의 기본 예절 ···································· 107
　　4. 매장에서의 서비스 순서 ································ 109
　　5. 매장 방문 시 고객 응대 요령 ························ 111
　　6. 메뉴 주문 시 고객 응대 요령 ························ 114
　　7. 메뉴 서빙 시 고객 응대 요령 ························ 117
　　8. 계산 시 고객 응대 요령 ································ 120
　　9. 손님의 잘못에 대한 응대 방법 ······················ 122

10. 매장에서의 불만 응대 요령 ·· 124
　　11. 매장 서비스 수준 유지 관리 ·· 127

제7장 손실을 줄이는 재고관리 ·· 129
　　1. 재고관리의 정의와 필요성 ·· 131
　　2. 기초 재고량과 적정 재고량 ·· 134
　　3. 재고관리를 정확히 하기 위한 수요 예측 ·· 135
　　4. 재고관리 과정 ·· 138
　　5. 발주의 정의와 종류 ·· 140
　　6. 발주 순서 ·· 143
　　7. 검수 ·· 148
　　8. 입·출고 관리 ·· 152
　　9. 재고관리 대장철 작성하기 ·· 155
　　10. POS를 이용한 재고관리 ·· 158
　　11. 제품별 적정 재고량 설정하기 ·· 160
　　12. 식자재의 저장과 보관 ·· 154

제8장 매출 증대를 위한 메뉴 관리 ·· 169
　　1. 메뉴 상품 ·· 171
　　2. 메뉴 품질 관리 ·· 173
　　3. 음식 디자인 연출 ·· 175
　　4. 음식과 색의 관계 ·· 176
　　5. 음식과 형태의 관계 ·· 178
　　6. 음식과 조리 공정 ·· 169

제9장 효율적인 직원관리 ·· 181
　　1. 직원 이동 ·· 183
　　2. 직원 채용 ·· 185
　　3. 직원 채용 시 고려 사항 ·· 189
　　4. 신입 직원 관리 ·· 191
　　5. 직원 교육 ·· 194

6. 직원 근태 관리 ·· 196
　　7 직원 인사 평가 ··· 198

제10장 손익 관리 ·· 201
　　1. 손익 계산서 ··· 203
　　2. 판매 관리비 ··· 205
　　3. 예상 객수 예측 ·· 207
　　4. 매출 향상 전략 수립 ··· 209
　　5. 원가 분석 ··· 211
　　6. 표준 작업 지시서 ·· 215
　　7. 매장 체크리스트 ··· 217

부록 ··· 223
　　1. 개인 정보 제공 동의서 ··· 225
　　2. 매장 서비스 수준 평가지 ··· 226
　　3. 검수 일지 ··· 231
　　4. 식자재 재고 조사표 ··· 232
　　5. 식자재 출고 청구서 ··· 233
　　6. 주간업무 일지 ··· 234

　　참고문헌 ··· 236

제1장

음식점 경영이란?

1 음식점의 정의와 종류

음식점(飮食店)은 음식을 파는 가게를 말한다. 따라서 음식점은 식당에서 직접 식사 시설을 갖추고 식사를 하기도 하며, 만들어진 음식을 판매하는 테이크 아웃점이나 밀키트 판매점까지를 말한다. 식사 시설을 갖춘 음식점의 경우, 식당(食堂), 레스토랑(restaurant), 요리점(料理店), 요릿집 등이라고도 한다.

식당(食堂)은 건물 안에 식사를 할 수 있게 시설을 갖추어 음식을 만들어 손님들에게 파는 가게를 말한다.

프랑스어로 음식을 파는 식당을 가리키는 단어. 어원은 체력을 회복시킨다는 뜻의 '레스토레(restaurer)'라는 말에서 유래됐다. 원래 프랑스어권에서는 가벼운 음식을 파는 식당은 비스트로, 그보다 더 격식을 차린 음식을 파는 식당을 레스토랑으로 구분하는데 영미권에서는 격에 관계없이 레스토랑(restaurant)이란 단어를 많이 쓴다. 심지어 패스트푸드점도 일종의 레스토랑(restaurant)이라고 한다.

요리점(料理店)과 요릿집은 술과 요리를 파는 집을 말한다.

음식점을 경영하는 것은 요식업에 속하며, 음식점을 운영하는 대표를 사장이나 점주(가게의 주인), 점장이라고 부른다. 원래 점주는 가게의 소유자이고, 점장은 원래 최고 관리자(매니저)라고 한다. 점장은 일반적으로 외식산업 프렌차이즈 회사에서 직영하는 매장을 운영하는 것이 맞지만, 한국의 음식점이 현실적으로 영세하기 때문에 자영업자가 대부분을 차지하는 관계로, 대부분의 가게에서는 점주가 곧 점장으로 부르기도 한다.

2 영업 형태에 따른 음식점의 구분

음식점은 다음과 같이 구분된다.

가. 휴게음식점 영업

주로 다류(茶類), 아이스크림류 등을 조리·판매하거나 패스트푸드점, 분식점 형태의 영업 등 음식류를 조리·판매하는 영업으로서 음주 행위가 허용되지 아니하는 영업. 다만, 편의점, 슈퍼마켓, 휴게소, 그 밖에 음식류를 판매하는 장소(만화 가게 및 인터넷 컴퓨터 게임시설 제공업을 하는 영업소 등 음식류를 부수적으로 판매하는 장소를 포함한다)에서 컵라면, 일회용 다류 또는 그 밖의 음식류에 물을 부어 주는 경우는 제외한다(식품위생법 시행령 제21조 제8호 가목).

나. 일반음식점영업

음식류를 조리·판매하는 영업으로서 식사와 함께 부수적으로 음주행위가 허용되는 영업(식품위생법 시행령 제21조 제8호 나목). 대부분의 음식점과 술집이 해당된다. 다만, 술집을 일반음식점으로 영업 신고해 놓고 안주류이든 식사류이든 음식을 안 팔고 술만 파는 것은 무조건 불법이다. 또한 술집은 청소년 고용이 금지된다.

다. 단란주점영업

주로 주류를 조리·판매하는 영업으로서 손님이 노래를 부르는 행위가 허용되는 영업(식품위생법 시행령 제21조 제8호 다목). 청소년 출입 및 고용이 금지된다.

라. 유흥주점영업

주로 주류를 조리·판매하는 영업으로서 유흥종사자를 두거나 유흥시설을 설치할 수 있고, 손님이 노래를 부르거나 춤을 추는 행위가 허용되는 영업(식품위생법 시행령 제21조 제8호 라목). 청소년 출입 및 고용이 금지된다.

마. 위탁급식영업

집단급식소를 설치·운영하는 자와의 계약에 따라 그 집단급식소에서 음식류를 조리하여 제공하는 영업(식품위생법 시행령 제21조 제8호 마목).

제과점영업: 주로 빵, 떡, 과자 등을 제조·판매하는 영업으로서 음주 행위가 허용되지 아니하는 영업(식품위생법 시행령 제21조 제8호 바목).

3 메뉴 형태에 따른 음식점의 구분

메뉴에 따라 다음과 같이 음식점을 구분할 수 있다.

1) 고깃집

고기를 먹을 수 있는 음식점으로 등심집, 삼겹살집, 갈비집, 오리고기집, 주먹고기집, 샤브샤브집 등이 있다. 한국에선 주로 회식할 때 많이 사용하며, 고기집에서는 술을 같이 마시는 것이 일반적이다.

2) 한식당

한국 요리를 먹을 수 있는 음식점으로 한식당이라고 하면 한정식집을 떠올리지만, 김치찌개, 된장찌개, 콩나물국밥, 생선구이, 비빔밥 같은 한국 음식을 팔면 한식당이다. 놀부, 본죽 등의 일반 한식 프랜차이즈 전문점도 있다. 고급 한식 전문점이 있는가 하면 그냥 일반 가정식 백반을 판매하는 곳도 있다. 함바집은 일반 가정식을 간혹 공사장과 계약을 맺어 판매하는 식당을 말한다.

3) 레스토랑

스테이크, 파스타 등의 서양 요리를 먹을 수 있는 음식점을 말한다. 요즘에는 많은 레스토랑에 샐러드바가 있어서 뷔페처럼 무제한으로 갖다 먹을 수도 있다. 패밀리 레스토랑과 시푸드 레스토랑이 있다. 한국에서 유명한 레스토랑 프랜차이즈는 애슐리, 빕스, 아웃백스테이크하우스, TGI Fridays가 있다.

4) 중국집

짜장면, 짬뽕, 탕수육, 마라탕 등 중국요리를 먹을 수 있는 음식점을 말한다. 중국집은 동네에서는 배달을 시켜먹기 때문에 직접 가서 먹는 경우는 드문 편이다. 보배반점, 짬뽕타임, 홍콩반점, 짬뽕지존 등의 프랜차이즈가 있다.

5) 태국음식집

볶음밥과 쌀국수와 같은 태국요리를 먹을 수 있는 음식점을 말한다. MK수끼, 짬뽕타임, 홍콩반점, 짬뽕지존 등의 프랜차이즈가 있다.

6) 일식집

돈까스, 우동, 카레, 초밥 등 일본 요리를 먹을 수 있는 음식점을 말한다. 디딤, 카쯔야, 탄탄멘, 호온, 미소야 등의 프랜차이즈가 있다.

7) 횟집

광어, 우럭 등의 활어 회를 먹을 수 있는 음식점을 말한다. 횟집은 전통 일본 요리 스타일과 퓨전 스타일의 한국 요리 스타일로 나뉜다.

8) 뷔페

다양한 종류의 음식을 무제한으로 먹을 수 있도록 꾸민 곳을 말한다. 뷔페는 고기 뷔페, 해산물 뷔페, 한식 뷔페, 조개 뷔페, 부대찌개 뷔페, 전 뷔페, 맥주 뷔페 등으로 세분화되어 있다. 호텔과 예식장에서는 뷔페를 운영하고 있으며, 쿠우쿠우, 애슐리 퀸즈와 같은 프랜차이즈가 있다. 그리고 기사식당 중에서는 상당수가 뷔페식으로 운영 중에 있다.

9) 분식집

떡볶이, 순대, 어묵, 튀김 등의 분식을 먹을 수 있는 음식점. 학생들의 인기 장소 중 하나. 학교나 학원가 앞에는 장사가 잘되는 분식집이 많다.

10) 패스트푸드

피자, 햄버거, 치킨 등의 패스트푸드를 파는 음식점이다. 햄버거집을 제외하고는 거의 배달을 시켜 먹기 때문에 대부분 배달 전문이라 작은 가게도 많고, 테이블이 없는 경우가 많다.

11) 푸드코트

푸드코트는 한 장소에서 조리 시설을 갖추고 다양한 종류의 메뉴를 판매하면서 좌석은 공유하는 판매 형태를 말하며, 식당 연합 또는 식당가라고 하기도 한다. 메뉴에 대한 주문과 결제도 일원화한 곳이 많다. 많은 메뉴를 취급하면서도 공간을 같이 사용하기 때문에 낭비가 적다. 주로 대형마트, 백화점, 역, 버스터미널 등에서 주로 운영한다.

12) 제과점

제과점은 주로 제과와 제빵과 커피와 간단한 음료를 판매하는 형태를 말한다. 제과점은 술을 마실 수는 없으나 와인이나 샴페인 등을 파는 곳도 있다.

13) 떡집

떡집은 주로 떡을 만들거나 떡을 판매하는 형태를 말한다.

14) 국수전문점

모든 국수류 제품을 판매하는 전문점을 말한다. 밀가루 음식을 좋아하는 사람들에게 저렴하고 빠르게 음식을 제공하는 장점으로 많이 찾는 업종이다.

15) 술집

음식을 팔면서 술을 판매하는 곳을 말한다. 음식이 주가 되고, 술을 반주로 먹는 경우도 있으며, 술이 주가 되고 음식은 안주로 판매하는 곳도 있다.

16) 테이크아웃 전문점

매장에는 식탁이 없이 오로지 주문해서 가져갈 수 있는 음식을 판매하는 업종이다. 코로나로 인해서 더욱 인기를 얻는 업종으로 코로나가 끝나도 계속 이어질 업종이다.

17) 밀키트 전문점

가정 간편식(HRM)을 전문적으로 판매하는 업종을 말한다. 가정 간편식이란 반조리 상태나 1차 가공을 하여 집에 가져가서 간단한 조리로 음식을 먹을 수 있는 것을 말한다. 1인 가구나 맞벌이 부부가 주로 밀키트를 많이 소비한다.

18) 카페

커피와 다류를 판매하는 휴게음식점이다.

17) 초장집

해산물 시장이나 낚시터 근처에서 바로 잡은 횟감을 요리해주는 음식점을 말한다. 초장집은 가져온 횟감을 요리해주는 것이 주기 때문에 자체 메뉴 비중은 적거나 없다.

4 음식점 경영 전략의 정의와 필요성

경영이란 수익을 목적으로 하는 회사나 음식점을 관리하고 운영하는 것을 말한다. 경영의 성공 여부는 다양한 방식으로 판단할 수 있으나 회사나 음식점의 성장 및 수익으로 판단하는 것이 가장 일반적이라 할 수 있다.

과거에는 손님이 좋아할 만한 메뉴와 서비스만 갖추면 음식점 운영을 잘하는 것으로 인정받았으며, 많은 수익이 생기고, 점포가 성장할 수 있었다. 그러나 현재는 과학 기술의 발전과 인터넷의 보급과 전 국민의 스마트폰의 사용으로 인하여 경영 환경이 매우 급속하게 변화를 하고 있다. 이처럼 시대가 급변하니만큼 시장과 기술변화에 대한 빠른 대응과 창의적인 경영 마인드가 중요해졌다. 그래서 탄생한 것이 바로 경영 전략인 것이다.

경영 전략은 변동하는 외식산업의 환경 아래서 음식점의 존속과 성장을 도모하기 위해 환경의 변화에 대하여 활동을 계획적으로 적응시켜 나가는 일관된 의사 결정의 집합을 말한다. 즉 음식점에서의 경영 전략은 음식점이 가지고 있는 자원을 최대한 활용하여 다른 동종의 점포에 비해서 경쟁우위를 높이고, 매출을 높이는 전략이기도 하다.

예를 들어 우리 섬포에서 어떤 메뉴로 시장에 진입할 것인가?, 어떻게 해야 홍보가 효과가 있을 것인가?, 어떻게 해야 수입을 높이고 유지할 수 있는가? 어떤 제품과 서비스를 제공할 것인가, 자신이 보유한 자원을 어떻게 할당할 것인가?에 대한 계획을 세워서 적응시켜 나가는 것을 말한다.

음식점이 성공할 수 있는 경영 전략은 다른 경쟁 음식점에 비하여 실제로 경쟁우위를 확보할 수 있어야 한다.

5 외식산업의 정의와 전망

외식이란 자기 집이 아닌 밖에서 식사하는 것을 말하며, 가정 밖에서 행하는 식사의 총칭을 말한다. 외식산업은 가정 밖에서 이루어지는 상업적·비상업적 식생활 전체를 총칭하는 것으로 일정한 장소에서 식사와 관련된 음식, 음료, 주류 등을 제공할 수 있는 직·간접적으로 생산 및 제조하여 특정인 또는 불특정 다수에게 상업적 또는 비상업적으로 판매 및 서비스 경영 활동을 하는 모든 업소들의 군(群)이라고 정의한다.

넓은 의미에서 외식산업은 식사를 조리하여 제공하는 식품 제조업과 소비자에게 음식을 직접 제공하는 음식점업을 포함하는 서비스 산업의 성격이 강한 복합 산업이다. 좁은 의미에서는 패밀리 레스토랑, 패스트푸드점, 일반 음식점, 커피 매장, 베이커리, 집단급식 업체 등에서 손님을 대상으로 음식을 돈을 받고 음식과 음료를 파는 식당이나 매장 등의 외식업체를 말한다.

외식산업의 특징은 실생활과 가장 밀접한 관계를 맺고 있는 대표적인 서비스 산업으로 거대한 자본이 필요치 않고 고객의 기호가 다양한 만큼 시장이 광범위하여 독점기업의 탄생이 힘들고, 사업 성패가 단기간에 판가름 날 수도 있다는 특성을 갖고 있다.

우리나라 외식산업 규모를 보면 1992년에는 18조 원이었던 것이 2021년에 105조 원에 이르렀다는 것을 보면, 30년 사이에 외식인구가 6배나 증가한 것을 알 수 있다. 이는 매년 5%~7% 성장하였다는 것을 의미한다.

우리와 인구가 비슷한 프랑스는 2021년에 280조 원을 넘어서 우리의 외식시장 규모에 비하여 2배를 넘었다, 일본은 2021년에 265조 원 규모를 넘어섰다. 전문가들은 음식문화가 우리와 비슷한 일본과 비교했을 때, 아직 일본의 2분의 1수준이기 때문에 아직 우리나라의 외식산업은 향후에도 지속적인 성장을 할 것으로 기대된다.

이처럼 외식산업이 놀라운 성장을 이루게 된 데에는 여성들의 사회활동이 증가하고, 주5일제가 시행되면서 외식 빈도가 크게 늘었기 때문이다. 더욱이 결혼을 늦게 하면서 솔로들이 증가하면서 혼식이 증가하였으며, 노인 인구의 증가로 인하여 집에서 식사하기보다는 외식이 간편하고, 저렴하므로 외식인구가 증가하고 있기 때문이다.

6 음식점 매니저의 정의와 필요성

가. 매니저의 정의

음식점 매니저란 음식점을 운영할 때 직원이 많아지면 직원을 관리하는 직원을 말한다. 사장과 직원들 사이에서 매장을 관리한다는 데서 중간 관리자라고도 한다.

매니저는 음식점에서 사장의 경영 방침을 이해하고 매장의 업무를 주관하는 책임자로서 고객관리, 매장관리, 인사관리, 재고관리, 마케팅관리, 직원관리, 교육·훈련 등을 총괄하며 고객만족과 함께 기업 이윤을 달성하는 사람을 말한다. 즉 음식점의 형태나 메뉴에 따라서 직무나 체계는 각각 다르지만, 일반적으로 음식점에서 사장을 대신하여 매장의 운영·관리를 책임지는 사람을 매니저라고 할 수 있다.

음식점 매니저는 음식점의 규모에 따라 음식점의 해당 매장이나 체인점을 총괄 관리하는 점장이나 점장 아래에서 매장과 인력 관리를 총체적으로 관리하는 부점장이라고도 한다. 그리고 매장이나 주방, 바(bar) 등 해당 구역만 따로 맡아 관리하는 캡틴도 외식업체 매니저라고 할 수 있다.

나. 매니저의 필요성

음식점은 사장, 종업원, 고객의 역할이 함께 어우러지는 산업이라 할 수 있다. 음식점이 타산업과 구별되는 가장 큰 특징은 생산과 판매에 종업원의 서비스가 큰 비중을 차지하고 있다는 점이다. 따라서 종업원 관리를 담당하는 매니저의 역할이 매우 중요하다.

물론 음식점 매니저는 직원이 없거나, 직원이 적을 때는 두지 않지만, 직원 수가 증가하면 매니저를 두어야 매장을 효율적으로 관리할 수 있다. 매니저를 두게 되면 사장이 해야 할 많은 일을 맡길 수 있어서 매출을 높이기 위한 노력에 집중할 수 있다. 뿐만 아니라 사장이 하기 어려운 일을 수행하여 매장의 매장관리가 효율적이 되며, 효과적인 종사원 관리로 매출이나 생산성이 증가하게 된다.

제2장

음식점 경영 업무

1 음식점 경영 업무

음식점 점주는 성공적인 경영을 위해서 많은 업무를 진행해야 한다. 음식점 점주가 해야 할 업무를 보면 다음과 같다.

① 손님을 자신의 고객으로 만들고, 이를 장기간 유지하는 고객관리를 한다.
② 매장에서 일어나는 모든 일을 관리하는 매장관리를 한다.
③ 직원이 채용 및 근태 관리를 하는 인사관리를 한다.
④ 영업을 위해 필요한 식자재나 물건에 대한 재고관리를 한다.
⑤ 매점의 매출을 증진시키기 위한 마케팅관리를 한다.
⑥ 직원들에 대한 직무에 관련된 교육과 훈련을 한다.
⑦ 직원들이 많을 때 부서 간 중계자 역할 등을 수행한다.
⑧ 서비스나 음식에 대한 손님들의 주문과 불만을 직접 해결하는 역할을 한다.
⑨ 식자재의 구매 및 관리를 한다.
⑩ 주방장이 없는 경우 직접 조리한다.
⑪ 직원들의 업무를 총괄 지휘하는 역할을 한다.
⑫ 직원들의 서비스교육과 위생교육 등을 실시한다.
⑬ 매점의 홀 및 주방, 화장실 등의 청결상 태를 점검한다.
⑭ 고객의 불편 사항을 파악하여 개선안을 수립한다.
⑮ 매장과 메뉴에 대한 홍보를 한다.

음식점 경영에 있어 점주의 구체적인 직무를 보면 다음과 같다.

〈표 2-1〉 음식점 점주의 직무

영역	세부 내용
마케팅 관리	• 목표 매출 달성을 위한 판매 계획 수립(일간, 주간, 월간, 연간, 계절별, 품목별 등) • 판매 촉진의 계획 수립과 실행 • 매출 이익 목표 수립 • 손익 계산서 대비 검토, 분석 관리 • 원가 절감, 고정비 절감을 위한 방안 수립 • 홍보 계획 수립 및 실행 • 경쟁점의 정보 등을 파악하여 대응
메뉴 관리	• 조리 작업의 지도 • 메뉴의 품질 관리 • 매출 이익을 고려한 상품 개발 • 매출 이익률이 낮은 상품의 통제
금전 관리	• 매출금, 영업준비금, 거스름돈 관리 • 매출전표, 할부 전표, 현금 구매 전표 관리 • 세금, 공과금 관리
직원 관리	• 면접, 채용 업무 • 업무 스케줄 관리 • 근태 관리 • 급여 관리 • 직무 관리 • 교육 훈련 • 직원 간의 화합 및 소통
고객 관계 관리	• 내점 고객 리스트 관리 • 점포 내에서 발생한 돌발 상황에 대처 • 신규 고객 확보

	· 단골 고객 증가
	· 고객 불만 사항 대처
재고관리	· 재고관리 · 검수 · 발주
식자재 관리	· 식자재 입·출고 관리 · 식자재 보관 · 식자재 저장
매장 관리	· 점포 내외부 환경의 정리, 정돈 · 청소 관리 · 식자재 저장
안전 위생 관리	· 기기, 설비, 비품 관리 · 위생 관리 · 비품, 기구, 소모품의 발주 · 안전 관리 점검 리스트 작성

2 출근 시 업무

가. 출근 시 할 일

① 출근 시간보다 30분 전에 여유 있게 한다.
② 경비 시스템을 해제하고 매장의 문을 연다.
전날 경비 시스템의 이상 및 메시지가 없었는지 사용하고 있는 경비 시스템을 확인한다.
③ 유니폼은 청결을 확인하고 갈아입는다.
④ 매장의 전등을 켠다.
⑤ 출입문과 창문을 열어 환기를 시킨다.
⑥ 매장, 주방, 화장실, 창고의 청소 상태를 점검하고 청소가 제대로 안 된 곳은 청소한다.

나. 영업 준비

① 개점 준비를 한다.
② 냉·난방기 작동, 포스 작동, 오디오 작동을 한다.
③ 냉장고에 판매할 음료수, 주류를 보충한다.
④ 고객에게 제공할 물통을 준비한다.
⑤ 메뉴, 수저, 젓가락. 포크. 나이프 등을 정리한다.
⑥ 화장실에서 화장지, 세제, 종이 타올, 방향제 등을 채우고 위생 점검한다.
⑦ 점포 입구와 주변의 정리 정돈 및 청결을 점검한다.
⑧ 테이블과 의자 주변을 정리 정돈한다.

⑨ 예약 손님이나 단체 손님을 확인한다.
⑩ 구매 주문서와 납품서를 검수 확인한다.
⑪ 예열이 필요한 기기나 기구는 전원을 켜서 사용이 가능하도록 한다.
음식점에서는 맛있는 냄새, 베이커리에서는 빵 굽는 냄새가 매장에 퍼질 수 있게 하고, 커피 전문점은 커피 향이 매장 전체에 퍼지도록 하여 매장을 방문하는 고객들에게 식욕을 자극하게 한다.
⑫ 전 직원이 모여 간단한 조례를 한다.
조례 시에는 다음과 같은 사항을 점검한다.
- 직원들의 유니폼 착용
- 직원들의 건강 상태
- 전일 업무에 대한 칭찬과 반성
- 금일 목표 공유
- 금일 근무 인원과 교대 인원
- 금일 판촉 및 행사에 대한 공유
- 인사 연습

다. 전일 영업 결과 확인

① 전날 매출과 현금 잔액의 정확성 점검
- 전날 매출 현황
- 현금 : 권별, 수량별로 확인하고 현금 영수증 발행 내역을 정리한다.
- 카드 전표 : 카드 전표의 수량과 금액을 맞춰 보고, 일별, 카드사별로 구분해 둔다.
- 매출 입금 : 매출은 사업용 계좌에 입금하도록 한다. 사업용 계좌란 개인 사업자가 사업상 거래를 위해 사용하는 전용 계좌로, 사업자 등록증을 가지고 금융 기관에 신청한 후 이를 세무서에 신고하도록 한다.

② 재고와 발주
- 전날 이월 재고와 동일한지 점검
- 오늘 판매할 재고의 점검
- 발주해야 할 품목의 점검
- 입고 품목의 점검

라. 현금 시재 준비

현금 시재는 매장의 매출에 따라 필요한 거스름돈을 주기 위하여 권종별 액수를 점검하여 부족한 것은 보충한다.

3 영업 업무

음식점 점주는 영업이 시작되면 다음과 같은 업무를 시작한다.

① 손님을 받는다.
② 손님에게 메뉴 주문을 받는다.
③ 주문 시 주방에 정확하게 전달한다.
④ 주문 메뉴가 나오면 주방에 감사의 인사를 한다.
⑤ 고객에게 메뉴를 서빙한다.
⑥ 계산을 한다.
⑦ 테이블을 청소한다.
⑧ 직원들의 접객 서비스, 동선, 메뉴 설명, 요리 제공, 음주류 제공 등을 점검하고 문제점은 즉시 해결한다.
⑨ 고객 불만 사항 점검 및 해결한다.
⑩ 메뉴의 문제점은 점검하고 즉시 처리한다.
⑪ 재료의 부족분을 점검한다.
⑫ 주방과 홀의 팀워크는 원활한지 점검하고 문제점을 해결한다.

4 폐점 준비 업무

가. 폐점 준비 업무

음식점 점주는 영업시간이 종료되기 진 다음과 같은 폐점 준비 업무를 시작한다.
① 테이블의 마지막 주문을 확인한다.
② 매출 마감과 함께 매출 집계를 한다.
③ 영업 일지를 작성한다.
④ 금고의 시재를 확인하고, POS 기기를 끈다.
⑤ 다음 근무자가 있는 경우 인수 인계를 한다.
⑥ 테이블과 의자를 정리정돈한다.
⑦ 술잔, 물컵, 수저를 세척한다.
⑧ 매장과 주방의 쓰레기통을 비우고 청소한다.
⑨ 행주, 접시, 도마, 칼을 세척하고 널어놓는다.
⑩ 재고 조사를 하고 부족한 것은 구매 주문서를 작성한다.
• 손님 회전이 많은 매장은 재고 조사를 오전 영업이 끝나기 전에 해서 오후 영업에 사용할 자재들을 발주하여, 오후 영업 전까지 하며 납품받아 오후 영업에 지장이 없도록 해야 한다.
⑪ 화장실, 매장, 주방을 청소한다.
⑫ 포스 마감하고 오디오를 끈다.
⑬ 익일 전달 및 건의 사항을 메모한다.
⑭ 화장실과 쓰레기통 등의 청결 상태를 확인한다.

⑮ 주방의 열기구를 제대로 껐는지 확인하고 화재 예방을 한다.
⑯ 사용하지 않는 기기의 전원을 끈다.
⑰ 외부 간판 및 배너 광고판 등을 안으로 들여놓는다.

다. 퇴근

① 유니폼을 갈아입는다.
② 창문과 비상구의 잠금을 확인하고 전체 조명을 끈다.
③ 출입문의 잠금을 확인하고 보안 장치를 켠다.
④ 퇴근한다.

5 입출금 확인

가. 매출 확인

① 일 매출 총액 : 타임별, 일별 마감 시 POS 전산에서 매출장을 출력하여 타임, 일별 마감 시간에 영업 일지에 빠짐없이 기록한다.

② 현금 시재 : 현금 시재는 매장의 매출에 따라 필요한 거스름돈의 권종별 액수를 점검한다.

③ 포스와 실제 카드 금액 차이
- 고객이 결제를 카드에서 현금으로 또는 현금에서 카드로 변경했을 때 발생하는데 결제 수단을 POS에서 정정하지 못하고 결제 완료했을 때 나타난다.
- 고객에게 양해를 구하고 결제를 다시 하지 못했을 때는 전산과 실제 카드 금액이 차이가 난다. 이때는 현금 차액과 카드 차액이 동일한지 확인해야 한다.
- 결제 전에 고객에게 현금 영수증 발급 여부, 현금 또는 카드의 결제 여부, 포인트 카드의 사용 여부 등을 정확히 물어본 후 결제를 완료한다.

4) 출금 확인

① 출금 여부를 정확히 한다. 출금 금액은 현금 매출 금액으로 한다.
  매출 금액 - 신용카드 = 현금 매출
② 현금 매출과 출금 금액이 맞는지 확인한다.

제3장

매출 증대를 위한 마케팅

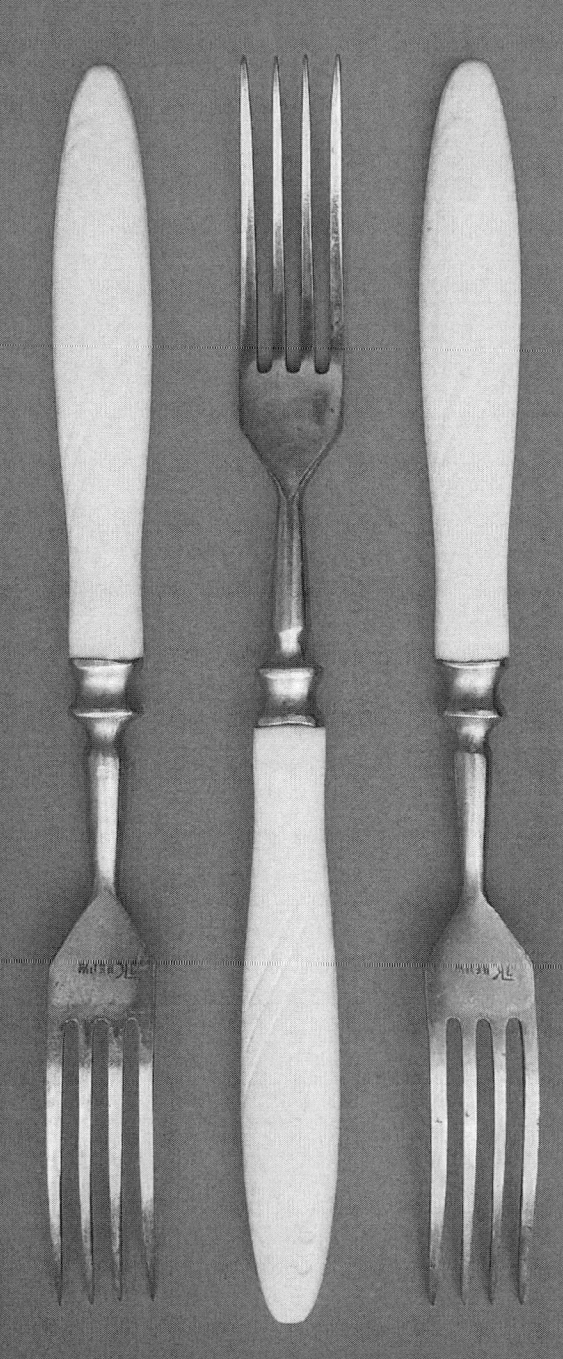

1 마케팅이란?

가. 마케팅의 정의

마케팅은 생산자가 상품 혹은 용역을 소비자에게 유통시키는 일과 관련된 광고, 판매 활동, PR, 판촉, 가격 결정, 고객관리, 서비스 관리, 메뉴 관리, 시장 조사 등의 경영 활동을 말한다.

나. 마케팅 계획

마케팅 계획은 음식점의 마케팅 활동이 지향할 구체적인 목표를 정하고, 마케팅 전략을 세워서, 실제로 마케팅 활동을 통해 나타난 성과를 가지고 조정하고 평가하여 다음 마케팅에 효과를 가져오게 하는 것을 말한다.

다. 마케팅 계획의 중요성

① 잘 만들어진 마케팅 계획은 음식점으로 하여금 잘못된 마케팅 방향을 택하거나 시간과 에너지를 낭비하고 손실을 막아 준다.
② 마케팅 계획은 마케팅 과정에서 직원들의 노력을 향상시키고 커뮤니케이션의 기초로서 기능한다.
③ 마케팅 계획은 고객을 늘리고, 매출을 증가하는데 결정적인 역할을 한다.

2 마케팅 계획

마케팅 계획은 다음과 같은 순서로 진행된다.

1) 시장 현황 분석
① 상권을 분석하여 잠재적 고객의 경제적 인구학적 특성을 도출한다.
② 경쟁 업체의 장단점, 경쟁우위 요소를 파악한다.
③ 매출에 영향을 미칠 것으로 예상되는 주요한 추세와 시장의 변화를 확인한다.

2) SWOT 분석
별도로 자세하게 설명

3) 목표 설정
별도로 자세하게 설명

4) 마케팅 전략 작성
비전과 목표를 달성할 수 있는 마케팅 전략을 세우고, 전략의 이점을 파악한다.

5) 마케팅 전략의 실행
실제로 마케팅 전략을 실행한다.

6) 마케팅 결과에 대한 평가
마케팅 결과를 가지고 효과가 어느 정도 있었는지를 분석하고, 마케팅 계획을 수정한다.

3 시장 현황 분석을 위한 상권 분석

가. 상권의 개념

상권(trading area)이란 규모가 작은 음식점이 고객을 흡입할 수 있는 고객이 존재하는 지역적 범위로 말하기도 한다. 우연히 한 번 매장을 이용한 고객이 살고 있는 지역은 상권에 속한다고 볼 수 없으며, 비교적 높은 빈도로 특정 소매기관을 이용해야만 상권에 속해 있는 고객이라고 할 수 있다.

상권은 소비자 중심적이라 판매자 측에서 상권이라고 생각해도 소비자가 구매해주지 않는다면 상권으로서 의미가 없다. 이처럼 상권의 설정은 소비자의 구매력을 기준으로 설정하는 것이 보편적이다.

음식점에 유리한 상권이 되기 위해서는 소비 인구인 고객의 수가 많아야 하며, 구매력도 높아야 한다. 일반적으로 소득 수준이 높고 소비 성향이 높은 소비자가 많아야 좋은 상권이 된다.

나. 상권의 범위

상권의 범위는 판매량을 기준으로 구분할 때 전체 매출액의 90% 이상을 실현하는 지역 범위를 말하며, 전체 매출액의 75%가 실현되는 지역을 1차 상권, 15%의 매출이 실현되는 지역을 2차 상권이라고 한다.

다. 지리적 특성에 따른 분류

1) 시내 중심가 상권

　대형 쇼핑몰과 대중교통이 발달되어 있어 주변 지역으로부터 유입이 편리한 것이 특징이다. 시내 중심가 상권 내에는 점포가 양적으로 많기 때문에 점포 간 치열한 경쟁 구도를 형성되기도 하지만, 경쟁 업체보다 경쟁우위를 가질 때 매출을 증가시킬 수 있다.

2) 역세권 상권

　지하철역으로부터 300m 이내, 정차하는 버스의 노선이 5곳 이상인 곳으로 지역버스 정류장에서 100m 이내 지역의 지역을 말한다. 역세권 상권에 유입되는 인구가 많더라도 방문 시간은 길지 않다. 따라서 짧은 시간 동안 식사할 수 있는 업종이 좋으며, 고가의 상품보다는 중저가 상품이 잘 팔린다. 역 주변의 매장들은 쾌적한 매장 인테리어를 하는 곳이 많으므로 경쟁우위를 가지려면 인테리어를 잘해야 고객을 유인할 수 있다.

3) 아파트 단지 상권

　아파트라는 주거 환경을 배경으로 형성된 상권으로서 아파트 단지 인구가 유효 배후세력이 되며, 이외에는 더 이상의 수요 창출을 기대하기 어려운 상권이다. 따라서 경쟁 업체가 없는 업종을 해야 하며, 단골 고객 확보가 중요하다.

4) 대학가 상권

　대학생을 중심으로 상권이 형성된 상권으로 일정한 규칙이 없이 밤낮을 구분하지 않고 상권이 활발한 움직임을 보이는 것이 특징이다. 젊은 사람들의 취향에 맞는 메뉴를 선정해야 하며, 저렴한 것이 특징이다.

5) 오피스 상권

　20~50대 직장인이 많은 지역으로 점심시간이나 저녁 시간에 유동 인구가 폭발적으로

증가하며, 식당가를 중심으로 활발한 영업 활동이 이루어지나, 주말에는 유동 인구가 뜸한 것이 특징이다. 직장인들의 단체 회식이 많아 큰 식당이나 유흥업소가 상대적으로 많이 분포해 있는 것이 특징이다.

6) 일반 주택가 상권

일반 주택가 상권은 일상에서 가장 많이 이용하며, 쉽게 접하는 상권이지만 유동 인구가 많지 않으며, 주민들이 가장 많이 이용하는 동선을 중심으로 상권이 형성되어 단골 고객을 확보하는 것이 중요하다.

7) 학원가 상권

학생이나 젊은 층 중심으로 형성된 상권이므로 소비의 제약이 많은 학생들의 특징 때문에 상권의 규모가 크지 않고, 저렴한 메뉴가 잘 팔린다.

라. 상권을 축소시키는 원인

상권을 축소시키는 원인에는 경쟁 업체의 출현, 자연적 원인, 인공적 원인, 사회적 원인이 있다.

1) 경쟁 업체의 출현,

상권이 축소되는 가장 큰 원인은 경쟁 업체가 생기는 것으로 경쟁 업체가 생기면 상권의 범위를 축소되며, 상권을 단절시키는 역할을 한다.

2) 자연적 원인

자연적 원인은 하천, 산, 언덕 등으로 이들이 상권을 분할하여 상권을 축소하는 역할을 한다.

3) 인공적 원인

인공적 원인은 도로, 기차길, 큰 건물 등으로 이들이 상권을 분할하여 상권을 축소하는 역할을 한다.

4) 사회적 원인

사회적 원인은 인종, 종교, 문화, 풍속, 역사 등으로 인해 상권을 분할하는 경우다.

4 매출 증가를 위한 고객 니즈 분석

가. 정의

니즈(needs)란 인간이 갖고 있는 생리적 혹은 심리적 부족이나 불만, 결핍을 메우기 위해 생기는 것으로 정의하고 있다. 간단히 말하면 고객이 필요로 하는 것이라고 보면 된다. 음식점에서의 고객 니즈는 고객의 식욕을 해결하기 위해서 하는 구매 행동으로 보면 된다. 고객들의 니즈는 그들이 접하는 다양한 환경에 시대에 따라 변하게 된다.

나. 고객 니즈의 발생 원인

고객 니즈는 목적, 시간, 장소, 과정의 요소로 세분화시켜 이해해야 한다. 고객 니즈의 목적은 배고픔을 채우기 위해서, 만남을 위해서, 혜택을 받기 위해서, 일상적인 식사를 위해서가 있다. 점주는 고객 니즈의 목적에 따라 응대를 하면 고객은 자신을 알아준다는 생각이 단골 고객으로 만들기 쉽다.

고객 니즈의 시간은 언제 식사를 하고 싶은지를 고려하여 메뉴를 개발하고, 매장을 운영하는 것이 좋다. 예를 들어 10시에 매장을 찾은 손님에게는 아점이 될 수 있는 메뉴를 권하고, 2시 이후에 찾는 손님에게는 배가 고픈 경우가 많기 때문에 양이 많은 메뉴를 추천하는 것이 좋다.

고객 니즈의 장소는 매장을 방문했을 때 어디로 안내하면 좋을지를 고려하는 것이다. 따라서 손님이 매장에 들어오면 손님이 좋아하는 장소를 선택하여 자리를 안내하는 것이 좋다.

다. 고객 니즈의 발생 시점

고객의 니즈는 제품의 소비와 관련되는 발생 시점에 따라 4단계로 구분할 수 있다.

1) 구매 전 단계의 니즈

손님이 메뉴를 선택하기 전에 니즈가 무엇인지를 파악하여 메뉴를 추천하며 손님은 자신을 알아준 직원에 대해서 만족감이 높아진다.

2) 구매 단계의 니즈

메뉴를 선택하면 손님의 선택이 옳았다는 인정이나 칭찬해 주면 손님은 자신을 인정해준 직원에 대해서 만족감이 높아진다.

3) 사용 단계의 니즈

고객이 메뉴가 서빙되어 식사를 하기 전에 맛있게 드시라는 응대를 하면 손님은 기분 좋게 식사를 할 수 있다.

4) 처분 단계의 니즈

손님이 식사를 마치고 나면 소감을 물어 반응을 살피고, 소감에 따른 긍정적인 응대를 하면 만족감을 높일 수 있다.

5 경쟁력을 높이기 위한 경쟁우위 전략

가. 경쟁우위의 정의

경쟁우위는 경쟁자와 비교하여 우월한 성과를 갖도록 음식점이 개발한 독특한 우위 요소를 말한다. 우위 요소에는 메뉴의 품질, 서비스, 인테리어, 경영 방법, 이미지, 홍보 등 다양하다. 음식점이 경영 전략을 수립하는 이유는 경쟁 업체와의 경쟁에서보다 높은 경쟁우위를 유지하고, 높은 수익성을 얻기 위함이다. 즉, 경영 전략은 경쟁 업체의 강점에 비해 더 나은 경쟁우위를 만드는 것이다. 그러나 주변에 경쟁 업체가 없다면 굳이 경쟁우위 경영 전략을 수립할 필요가 없다

음식점이 우위 요소 한 가지만이라도 경쟁우위를 갖고 있는 동안은 매출이 증가한다. 따라서 경쟁우위를 가지고 있는 음식점의 우위 요소를 모방할 수 없을 때 지속적 경쟁우위를 갖게 된다.

나. 음식점에서 경쟁우위를 선점하는 방법

① 원가 절감을 통해 가격에 대한 경쟁우위를 만든다.
경쟁 업체에 비해 동일한 제품은 훨씬 낮은 비용에 만들어 싸게 판다.
② 서비스 차별화 전략을 통해 경쟁우위를 만든다.
경쟁 업체에 비해서 서비스에 대해서 차별화 시켜 고객 감동을 제공한다.
③ 메뉴 차별화 전략을 통해 경쟁우위를 만든다.
경쟁 업체에 비하여 차별화된 메뉴를 제공함으로써 소비자를 만족시킨다.

6 장점을 살리고 약점을 줄이는 SWOT 분석

가. 정의

SWOT분석은 원래 마케팅에서 주로 사용하는 경영 분석 방법으로 자신의 강점(Strength)·약점(Weakness)과 환경의 기회(Opportunity)·위협(Threat) 등의 단어에서 영문 머리글자만을 따서 붙인 것이다.

SWOT분석은 단어의 뜻 그대로 자신의 업체에 대하여 강점·약점을 분석하고 환경의 기회·위협을 분석하여, 업체의 강점과 약점을, 환경의 기회와 위협에 대응시켜 업체의 목표를 달성하려는 전략을 도출하는 것이다.

주로 전략 수립 초기에 주어진 상황을 분석하여 조직이나 단체 외부의 기회 요인과 위협 요인들을 도출하고, 이렇게 도출된 기회 요인과 위협 요인들을 해당 조직의 내부적 강점을 활용하고 약점을 보완하거나 회피할 수 있도록 전략의 방향과 세부 전술을 수립하는 데 사용할 수 있는, 실용적인 기법이다.

SWOT 분석 결과 얻어진 것 중에서 전략을 도출하고, 도출된 전략 중 목적 달성의 중요성, 실행 가능성, 차별성을 고려하여 성공할 확률이 많은 것을 중점전략으로 선정한다.

나. SWOT 분석에 사용되는 자료

① 올해 현재까지 발생한 매출을 분석한다.
② 고객에 대한 분석을 한다.
③ 지역 상권을 분석한다.

④ 경쟁 업체의 현황에 대한 조사를 한다.
⑤ 지금까지의 마케팅 전략의 성패에 대한 분석을 한다.
⑥ 서비스, 메뉴 품질, 매장 환경 등에 분석을 한다.
⑦ 매장의 장점과 단점을 조사한다.
⑧ 시장의 위기 요인과 기회 요인을 분석한다.
⑨ 매장 매출 극대화에 필요한 마케팅 계획을 수립하고 실행, 성과 분석을 한다.

다. SWOT 분석 방법

1) SO 전략(강점-기회전략)

 환경의 기회를 활용하기 위해 강점을 사용하는 전략을 선택한다.

2) ST 전략(강점-위협전략)

 환경의 위협을 회피하기 위해 강점을 사용하는 전략을 선택한다.

3) WO 전략(약점-기회전략)

 약점을 극복함으로써 환경의 기회를 활용하는 전략을 선택한다.

4) WT전략(약점-위협전략)

 환경의 위협을 회피하고 약점을 최소화하는 전략을 선택한다.

예) SWOT분석

Strength(강점)	Weakness(약점)
새로 인테리어를 했다. 맛있는 메뉴가 있다. 유동인구가 많은 곳에 있다.	단골손님이 부족하다. 아직 홍보가 제대로 되지 않았다. 메뉴의 가격이 비싸다.
Opportunity(기회)	Threat(위협)
경쟁 업체가 아직 없다. 독신 거주자들이 많다. 능력있는 직원들이 입사했다.	배달 음식이 많이 팔린다. 경기가 어렵다. 인건비 지출이 많다.

SWOT분석 결과 다음과 같은 전략을 세울 수 있다.

① SO 전략 : 유동 인구가 많고 독신 거주자들이 많으니 혼밥 메뉴를 만든다.
② ST 전략 : 맛있는 메뉴가 있으므로 단골손님을 확보한다.
③ WO 전략 : 경쟁 업체가 아직 없고 새로 아직 잘 알려지지 않았으므로 홍보를 늘린다.
④ WT전략 : 메뉴의 가격이 비싸고, 배달이 음식이 많이 팔리니 저렴한 배달 메뉴를 만든다.

7 마케팅 목표 수립

가. 정의

마케팅 목표는 음식점이 마케팅으로 달성하고자 하는 바람직한 장래의 상태를 말한다. 예를 들어 마케팅을 통해서 매출을 올리겠다는 것이 마케팅 목표다. 마케팅 목표를 잘 세워야 효과 있는 마케팅이 이루어지며, 매출을 증가시킬 수 있다.

나. 마케팅 목표를 세우는 방법

① 마케팅 목표는 음식점이 가지고 있는 비전, 전략, 경영 방침에 입각해서 세워야 한다.
② 마케팅 목표는 마케팅을 통해서 실제로 실천하여 효과가 나타날 수 있어야 한다.
③ 마케팅 목표는 목표를 달성하기 위해 관건이 되는 중요 방안이나, 장애 요인의 제거할 수 있어야 한다.
④ 마케팅 목표는 마케팅 결과 성과를 향상시킬 수 있도록 구체적으로 목표를 설정해야 한다.
⑤ 애매한 목표를 세우면 목표에 도달하기 어렵다. 그리고 직원들의 있는 경우 애매한 목표를 세우면 주관적인 해석에 의해서 혼란만 생길 수 있다. 따라서 마케팅 목표에 따라 직원들이 목표에 도달하도록 방향으로 움직일 수 있도록 해야 한다.

다. 직원들의 마케팅 목표에 도달하는 방법

직원들의 마케팅 목표에 도달하게 하기 위해서는 직원들에게 동기를 부여하는 것이 가장 효과적이다. 예를 들어 음식점의 목표가 월 매출 1억이라고 정했을 때, 목표에 도달하면 직원들에게 보너스로 50만 원씩을 지원하면 직원들은 목표 달성을 위해서 열심히 일하게 된다.

직원들에게 동기 부여는 만족감을 갖게 할 뿐만 아니라 새로운 도전으로 이어지게 새로운 목표를 수립하게 한다.

8 매출 증대를 위한 브랜드 이미지 관리

가. 브랜드 이미지의 정의

고객이 음식점의 브랜드에 대해 가지는 좋고 나쁜 느낌을 말한다. 고객이 갖는 특정 브랜드에 대한 좋고 나쁨의 이미지는 음식점의 매출에 지대한 영향을 미친다. 브랜드 이미지는 고객의 감각 기관을 통해 받아들여져서 해석되기 때문에 메뉴 자체에 대한 감정이 메뉴와 관련된 여러 정보의 간접적 요소와 결합되어 구매나 매출에 직접적인 영향을 준다.

브랜드 이미지는 개별 메뉴에 대한 브랜드 이미지와 음식점에 대한 브랜드 이미지가 있다. 브랜드 이미지는 고객 입장에서는 상품이나 서비스를 구별하는 기준이라 할 수 있으며, 음식점 입장에서는 경쟁 업체와 차별화되는 기준이라 할 수 있다. 이러한 이유에서 시장 상황의 변화에 따라 브랜드 이미지의 중요성은 과거와 비교해 점점 높아지고 있으며 음식점의 자산으로서 평가받고 있다.

나. 브랜드 이미지의 특징

메뉴의 브랜드 이미지는 개별 메뉴의 시장점유율을 확대하고 유지하는 데 중요한 영향을 미칠 뿐만 아니라 다른 메뉴나 음식점 전체에도 영향을 미친다. 즉, 개별 브랜드 이미지가 좋아지게 되면 다른 메뉴의 브랜드 이미지도 좋아지게 되고, 나아가 그 음식점의 전체 이미지가 좋아지게 되어 매출이 증가하는 연쇄 파급 효과가 생긴다.

개별 브랜드의 이미지가 좋아 지면 때 소비자들은 여러 가지 메뉴 중에서 일단 그 메뉴를 먼저 선택할 확률이 높아진다. 하지만, 한번 부정적 이미지가 생기면 원상태로 회복이 거의 불가능하므로 부정적 이미지가 생기지 않도록 하는 것도 중요하다.

다. 브랜드 이미지 만드는 방법

브랜드 이미지가 좋은 곳에는 손님들이 많이 찾지만, 브랜드 이미지가 나쁜 곳은 찾지 않을뿐더러, 단골 고객 마저 등을 돌리기 때문이다. 따라서 음식점의 고객증가와 이윤을 높이기 위해서는 이미지 브랜드를 좋게 만들어야 한다.

뿐만 아니라 음식점은 단순히 메뉴나 브랜드를 판매하여 이익을 창출할 뿐만 아니라, 이제는 소비자의 마음을 읽어서 그에 맞는 메뉴와 브랜드를 지속적으로 만들어 내야 한다.

1) 소비자의 감성을 자극할 수 있도록 한다.

소비 패턴의 변화로 소비자는 누구나 좋아하는 상품보다는 자신의 감성에만 맞는 상품을 구입하는 소비 형태로 바뀌어 가고 있다. 따라서 음식점은 이런 소비자의 변화에 대응하여 섬세한 감성에 호소, 공감을 얻을 수 있는 메뉴를 개발하는 데 주력해야 한다.

2) 브랜드 이미지 형성 원인을 찾는다.

소비자의 브랜드 이미지는 심리적인 취향이기 때문에 소비자의 긍정적인 이미지를 형성하기 위해서는 그 형성 요인을 파악하고, 부정적인 이미지 형성의 경우에는 개선 또는 예방해야 한다.

3) 브랜드 이미지의 구성 요소를 파악한다.
① 상품이 지닌 감각적인 요소로 색채, 디자인, 냄새, 감촉, 맛, 소리 등 사람의 오감으로 느낄 수 있는 것 등이다.

② 상품이 갖고 있는 이성적 요소로 음식점, 메뉴의 원료, 효능 등 상품의 우수성을 정당화시키고 상품 선택을 유도하도록 정보를 제공해야 한다.
③ 상품을 사용함으로써 다른 곳에서 맛보지 못한다는 생각, 고급스럽다는 생각, 서비스가 좋다는 심리적 보상을 주어야 한다.
④ 메뉴에 대하여 스토리텔링을 통하여 의미를 부여하고, 가치를 높여 소비자의 심리를 자극해서 메뉴에 대한 긍정적인 생각을 갖게 해야 한다.

9 마케팅 비용 관리

가. 정의

　마케팅 비용이란 개인과 조직의 목적을 충족시켜 주는 교환을 창출하기 위해 아이디어, 메뉴 및 서비스를 개발하고, 적정의 가격을 설정하여 현재 고객 및 잠재 고객과의 의사소통을 통해 시장에서 쉽게 구매할 수 있도록 장/단기 마케팅 프로그램을 계획, 실행하는 데 소요되는 비용이다.

나. 마케팅 비용 관리의 중요성

　마케팅에 들어간 비용이 어떠한 부가가치를 창출하고 어떠한 비용들이 수익을 위해 기여하지 못했는지 따져 보는 것은 다음 마케팅 계획을 세울 때 매우 중요한 판단 자료가 된다.

다. 마케팅 비용 산출 방법

1) 매출 비율법

　예상 매출액, 예상 매출량, 과거 매출액 및 과거 매출량 등을 기초로 하여 예산을 편성한다. 즉, 마케팅 예산을 과거 매출액이나 추정 매출액 또는 과거 매출량이나 추정 매출량의 일정 비율로 계산한다. 예산을 매출액 대비 편성하기 때문에 간편하지만 예산 자체가 매출액에 종속되는 한계로 인해 예측 불가능한 시장의 다양한 환경적 요인들을 고려할 수 없다는 단점을 지니고 있다.

2) 경쟁 등가법

경쟁 업체에서 지출한 마케팅 비용을 고려하여 경쟁 업체와 같은 예산을 편성한다. 마케팅 활동에 대한 전문성을 확보하지 못할 때 따라 하기만 하면 되는 쉬운 방법이나 경쟁 업체와 모든 것이 똑같지 않기 때문에 마케팅 결과가 같을 수는 없다.

제4장

매출 증대를 위한 홍보 방법

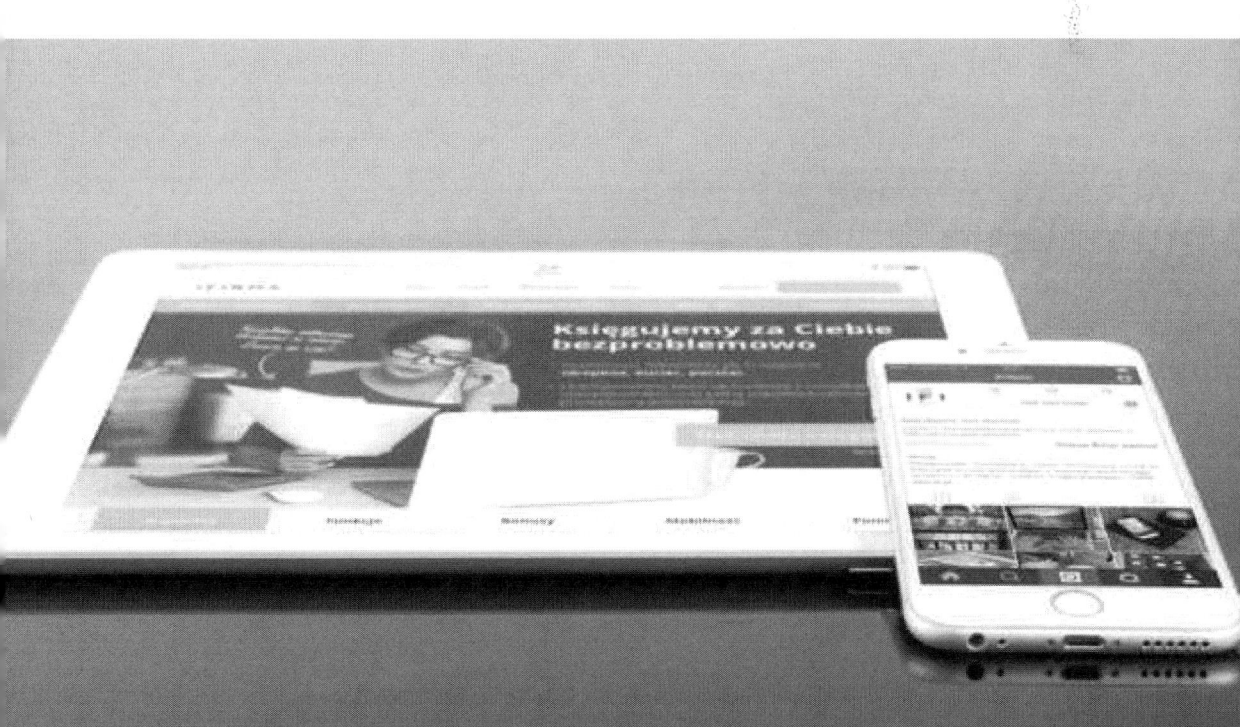

1 홍보란 무엇인가?

아무리 맛있는 메뉴나 훌륭한 인테리어를 했다고 해도 사람들에게 홍보가 되지 않으면 아무런 소용이 없다. 홍보란 음식점에 대한 메뉴·활동·업적 등을 널리 알리는 활동을 말한다. 구체적으로는 TV, 라디오 신문, 잡지, SNS 등에 음식점의 장점과 자랑할만한 메뉴를 노출시켜 대중에게 널리 알리는 것을 말한다.

홍보는 마케팅의 한 과정으로 직접 매출과 연관이 있는 일은 아니지만, 홍보를 통해서 사람들의 마음속에 서서히 스며들어 결정적인 순간 매출로 연결되도록 하는 데 중요한 역할을 한다. 특히 음식점을 창업한 초기에 가장 중요한 것은 홍보다. 홍보가 되어야 고객이 생기며, 구매가 이루어져 수입으로 연결되기 때문이다. 그리고 음식점을 운영하면서 더 나은 수입과 고객을 확보하기 위해서도 필요한 것이 홍보다.

홍보는 음식점의 이미지나 메뉴를 알리고 소비를 촉진하여 수입을 높이기 위한 활동이다. 현재는 고객이 아니지만, 홍보를 통해서 음식점이나 메뉴에 대해서 관심을 가지고 구매하려는 소비자를 잠재적 소비자라고 한다. 잠재적 소비자는 홍보를 통해 제공된 정보를 객관적 입장에서 받아들이게 된다. 홍보는 대부분의 소비자가 특별한 경계심 없이 받아들이고 믿게 되는 경향이 있으므로 브랜드 이미지를 형성하는 데 많은 영향을 미치게 된다.

실제로 요즘 간단하게 한 끼를 해결하려는 소비자도 반드시 무엇을 먹으면 좋을지, 맛집이 어디 있는지 스마트폰으로 검색하고, 검색된 결과를 가지고 음식점의 브랜드 이미지, 메뉴, 후기, 평가 등을 가지고 종합적으로 판단하고 메뉴를 결정하여 음식점으로 방문하여 구매를 일으킨다. 따라서 홍보를 전혀 하지 않으면 결국 소비자의 선택을 받을 수 없게 되어 오지 않는 손님을 기다리기만 해야 한다.

이처럼 음식점의 홍보 활동은 음식점에 대한 소비자의 인지 수준을 높이며, 메뉴의 매출을 증가시키고, 음식점의 브랜드 이미지를 향상시키며, 궁극적으로는 높은 수준의 브랜드 충성도를 형성하게 된다. 따라서 음식점으로 성공하기 위해서는 반드시 홍보전략을 병행하지 않으면 안 된다.

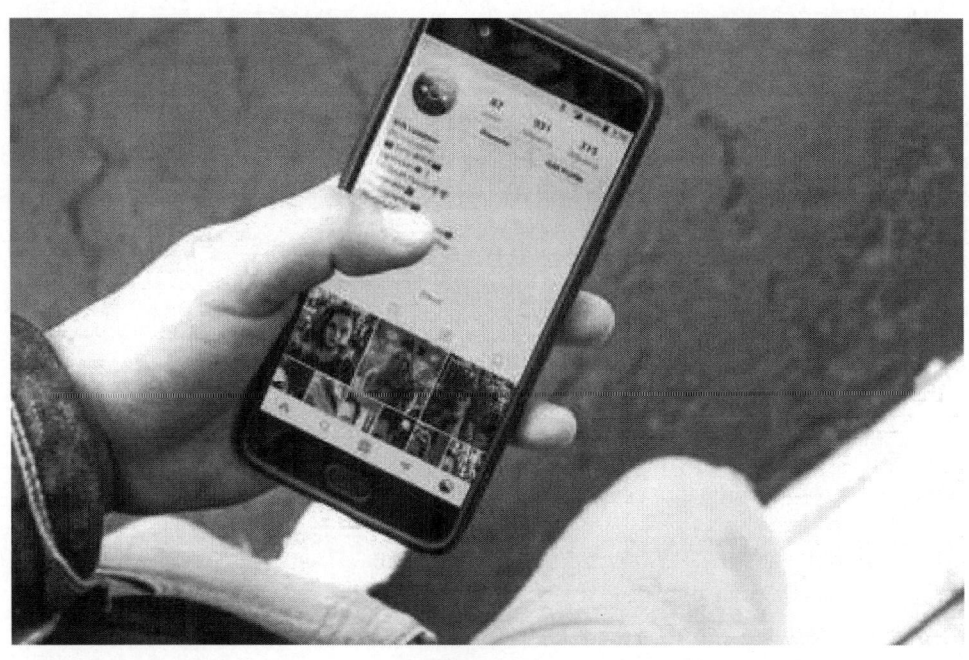

2 SNS를 활용한 홍보

 인터넷의 발달과 스마트폰의 보급으로 인해서 가장 효과가 높은 홍보 방법으로 SNS가 활용되고 있다. SNS(Social Network Services)는 사회적 관계망으로 블러그, 카페, 페이스북 등을 말한다.

가. SNS를 이용한 홍보의 필요성

 미래창조과학부에 따르면 현재 스마트폰 사용자가 4,642만 명을 넘어서 전국민의 96%가 스마트폰을 가지고 있는 것으로 나타났다. 이는 우리나라 국민이면 남녀노소 불문하고 누구나 스마트폰이 생활필수품이 되면서 자연스럽게 사용 시간도 늘어나고 있는데 이제는 모든 의사결정이 SNS(Social Network Service)를 통해 이뤄진다고 해도 과언이 아니다. 그래서 요즘 홍보 분야에서는 SNS 마케팅이 가장 중요한 이슈로 떠오르고 있다.

 SNS는 입소문 마케팅의 대표적인 촉진 매체로서 더 없이 유용하게 활용되며 저비용으로 PR할 수 있다는 장점이 있다. 대중매체보다는 친구나 다른 사용자의 추천을 더 신뢰하는 경향이 있으므로 쉽게 홍보 효과를 얻을 수 있다.

 실제로 우리나라 사람들의 음식점이나 메뉴를 선택할 때 대부분은 가장 먼저 블로그나 인스타그램을 통해 검색을 한다. 그리고 얼마나 많은 리뷰 건수가 등록되었고, 음식점의 인테리어나 음식의 비주얼이 어떤지 확인한다. 그리고 고객 후기 하나하나를 꼼꼼히 읽은 후에 방문을 결정하는 것으로 나타났다.

나. 주 고객층을 타켓으로 하는 SNS 홍보

그러나 문제는 SNS 홍보를 하지 않는 곳이 없을 정도로 많은 음식점이나 메뉴에 대한 정보들이 넘쳐나고 있다. 따라서 기존의 방식대로 SNS에 음식점이나 메뉴에 대한 정보를 올린다고 해도 검색 조차 안되는 경우도 많다. 따라서 SNS를 활용한 홍보를 하기 위해서는 음식점의 주 고객이 누구인지 대상을 설정하고, 그 대상에 맞는 SNS를 선택해서 홍보해야 한다.

우리나라의 전문 인터넷 검색 연구회사인 와이즈앱에서 발표한 2020년 한국인들의 SNS 소셜네트워크 앱 연령별 사용량 순위를 보면 다음과 같다.

- 10대 : 페이스북, 인스타그램, 트위터, 밴드, 네이버카페
- 20대 : 인스타그램, 페이스북, 트위터, 다음카페, 네이버카페
- 30대 : 인스타그램, 네이버카페, 페이스북, 다음카페

- 40대 : 네이버카페 인스타그램, 밴드, 페이스북
- 50대 : 밴드, 네이버카페, 페이스북, 인스타그램, 카카오스토리

예를 들어 우리 음식점에서는 30대를 대상으로 영업을 한다면 30대가 가장 많이 사용하는 인스타그램, 네이버카페, 페이스북, 다음카페 등을 활용하여 정보를 올리는 것이 가장 효과적이다.

다. 우선적으로 검색되는 방법

SNS에 올라온 수많은 정보들 중에서 내 점포의 메뉴가 검색되려면 우선 사진을 잘 찍고 고객을 유인할 수 있도록 해야 한다. 내가 올린 정보가 노출이 잘되어 잠재적 소비자를 늘리고 싶으면 다음과 같이 정보를 제작해서 올려야 한다.

- 음식 사진은 아무렇게나 찍지 말고, 고객의 입장에서 먹고 싶은 생각이 들도록 사진을 찍어야 한다.
- 사진을 찍을 때는 음식점 안은 일반적으로 어둡기 때문에 어두운 상태에서 음식 사진을 찍으면 색감이 떨어져, 단순한 음식 사진이 나와 식욕을 자극하지 않는 경우가 많은데, 이때는 조명을 사용하여 최대한 밝은 조명에서 사진을 찍어야 음식의 색이 선명하게 나오며, 식욕을 자극할 수 있는 사진이 나온다.
- SNS에 글을 올릴 때는 주제어로 잠재적 소비자들이 좋아하는 단어들을 해시태그(hash tags)를 달아서 검색될 수 있도록 해야 한다. 해시태그는 단어나 여백 없는 구절 앞에 해시 기호 #을 붙이는 형태의 표하는 것으로 게시물의 분류와 검색을 용이하도록 만든 일종의 메타데이터다.
- 해시태그를 통해서 홍보하는 예를 들어서 단순히 #김치찌개, #된장찌개 등으로 올리지 말고, #약속, #만남, #추억, #모임, #가성비, #맛집, #김치찌개 등의 해시태그가 들어가는 것이 훨씬 검색될 확률이 높다.
- 올린 정보에는 되도록 많은 '좋아요'나 댓글이 달릴 수 있도록 해야 한다.

라. 돈 안 들이고 홍보하는 방법

　돈을 안 들이고 SNS 홍보를 하는 방법은 매장을 방문하는 손님들에게 SNS에 리뷰를 달아주면 음료수를 무료로 주거나 음식의 가격을 깎아 주는 방식으로 이벤트를 하면 적극적으로 달아주는 손님들이 많다. 지금 올라와 있는 리뷰 중에는 상당수가 이러한 방법에 의해서 올라온 정보들이 많다.

3 유튜브를 활용한 홍보

유튜브를 활용한 홍보를 동영상을 제작하여 유튜브에 올려 홍보하는 것을 말한다. 점차 신문이나 TV보다는 유튜브를 시청하는 인구가 증가함에 따라서 영향력이 점점 커지고 있는 광고 매체가 되었다.

가. 유튜브의 정의

유튜브(YouTube)의 어원은 당신(You)과 브라운관(Tube, 텔레비전)이라는 합성어로 당신의 텔레비전이라는 뜻이다. 유튜브의 가장 큰 특징은 구글이 제공하는 동영상 플랫폼을 제공하여 사용자가 직접 동영상을 업로드하면, 시청자가 시청하며 공유할 수 있도록 하고 있다.

나. 유튜브의 영향력

유튜브가 세상 태어난 것이 2005년인데 불과 15년 만에 모든 기록을 갱신해 가고 있다. 현재 우리나라 국민들 중에서 70% 이상이 유튜브를 시청하고 있는 것으로 나타났으며, 이용자 수의 증가도 보면 매년 10% 이상 성장하기 때문에 앞으로 10년 후가 되면 우리나라 모든 국민은 유튜브를 시청한다고 볼 수 있다. 최근 유튜브의 영향력이 커지면서 기존의 방송 시청에서 유튜브 시청으로 옮겨 감에 따라 기존의 방송국들도 유튜브로 진출하고 있다.

오늘날 유튜브(Youtube)가 가장 영향력 있는 매체로 급성장하고 있다. 미래는 유튜브가 세상을 지배할 것이라는 예측도 하고 있다. 유튜브는 전 세계의 정보를 체계화하여 모든 사용자가 편리하게 이용할 수 있도록 하는 것을 목표로 하는 미국의 다국적 기업인 구글이 인터넷으로 동영상을 공유할 수 있는 서비스를 말한다.

다. 유튜브 홍보의 필요성

정보의 제공 수단에서도 처음에는 문자나 사진으로 제공하던 것에서 벗어나 영상으로 모든 것을 제공할 수 있게 했다는 것도 매우 역사적으로 큰 변화를 가져오게 하였다. 그리고 일방적인 정보를 이용하던 기존의 미디어 시장에서 유튜브는 실시간으로 사용자가 원하는 콘텐츠를 제공함은 물론 실시간 댓글, 평가, 공유를 통해서 상호작용이 가능하며 사용자의 의견을 민감하게 반영할 수 있다는 데서도 강한 중독성을 갖게 한다. 그리고 무엇보다 중요한 것은 PC나 인터넷에 특별한 지식이 없이도 누구나 콘텐츠를 제작하고 공유할 수 있는 편리한 환경을 제공하여 이용량과 영향력이 폭발적으로 증가하고 있다.

라. 유튜브 홍보 방법

따라서 성공하는 음식점 경영을 위해서는 유튜브를 활용한 홍보를 하는 것이 좋다. 유튜브로 음식점을 홍보하는 방법은 메뉴들을 만드는 과정이나 손님이 맛있게 먹는 모습 등을 촬영하여 동영상으로 편집하여 유튜브에 올리는 것은 매우 효과적인 홍보 방법이다. 실제로 프란이라는 유튜버가 운영하는 먹방 유트브는 구독자 수가 300만 명을 넘고 있어서 프란이 어떤 메뉴를 먹느냐에 따라서 그날 해당 음식의 매출에 변화를 주고 있다.

동영상은 실물 그대로를 개인의 특성과 환경에 영향을 받지 않고 보이는 이미지를 그대로 시각화시키므로 메시지를 전달하는 데 있어서 매우 효율적인 커뮤니케이션을 가능하게 하고, 시청각적인 요소를 통해 메시지를 전달하고 대중의 참여를 유발하게 한다.

4 DM을 활용한 홍보

DM을 활용한 홍보는 전통적인 홍보 방법이지만 그래도 처음 창업을 하거나 주변 지역에서 인지도가 형성되지 않은 경우에는 효과를 볼 수 있는 홍보 방법이기도 하다.

가. DM의 정의

DM(Direct Mailing / Marketing)을 직역하면 직접 우편이 되며, 개인에게 보내는 메시지(Direct Message)를 줄여서 DM이라고 부른다. 즉 신문, 잡지, 전화 등의 매개를 통하거나 거치지 않고, 직접 우편을 통하여 광고주가 선정한 예상 고객에게 특정한 메시지를 전달하기 때문에 DM이라고 한다.

따라서 음식점에서 DM을 활용한 홍보라는 것은 음식점이 소비자의 욕구를 충족시키는 데 초점을 두고 고객 정보를 기초로 목표 고객이나 잠재 고객에게 메뉴나 서비스에 관한 정보를 제공하여 직접 반응을 얻고자 하는 일체의 활동을 말한다.

나. DM 홍보 방법

음식점에서 DM을 활용한 홍보를 하기 위해서는 먼저 카타로그나 홍보 전단지를 만들어야 한다. 카타로그나 홍보 전단지를 만들 때는 잠재적 소비자들이 받자 마자 버리 않도록 유용한 정보를 넣거나 자석식으로 해서 붙여 놓고 필요할 때마다 찾아가거나 주문할 수 있도록 만들어야 한다. DM를 만들어 직접 배포하는 것이 비용을 들이지 않고 가장 좋은 효과를 가져오나, 지역에서 DM를 배포해주는 전문적인 업체에 맡기면 원하는 지역에 대상을 선정해서 보낼 수 있는 장점이 있다.

5 신문을 활용한 홍보

신문은 인쇄 미디어 중 가장 유력한 PR 수단이다. 과거에는 신문은 독자층이 매우 많고 광범위하며, 독자층 파악이 가능하고, 신속하게 많은 양의 정보를 제공한다는 장점을 가지고 있었다.

신문에 홍보하는 방법은 직접 광고를 하거나 전단지를 삽입하여 광고를 하기 때문에 문자 해독력을 가진 사람만이 접근할 수 있으며 전달 속도가 느리다는 점에 있어 단점이 있다. 그리고 또한 신문에 홍보하기 위해서는 광고 형태로 홍보하는 것은 비용이 많이 들며, 그나마 저렴하게 할 수 있는 것이 전단지를 만들어서 삽지로 홍보하는 방법인데 이는 직접 광고를 싣는 것에 비하여 가격은 저렴하지만, 삽지를 보지 않고 바로 버리는 구독자가 많다는 단점이 있다. 실제로 전단지를 신문에 삽지해서 배포하는 경우 1,000장 정도를 보내면 3명 정도 연락이 와서 효과가 그리 많지 않은 편이다. 그러나 점포를 창업해서 인지도를 높이고 싶을 때 특별한 방법이 없다면 어쩔 수 없이 하는 홍보 방법이다.

현재는 신문 구독자들이 점점 줄고 있어서 요즘처럼 SNS가 일반화된 상태에서 신문에 광고를 하는 것은 비용 대비 효과가 매우 미미하다고 할 수 있어 부득이 한 경우를 제외하고는 SNS를 활용해서 홍보하는 것이 비용대비 효과가 높다.

6 전화를 활용한 홍보

전화(텔레마케팅)를 활용한 홍보는 목표 고객이나 잠재 고객에게 메뉴나 서비스에 관한 정보를 제공하여 직접 반응을 얻고자 하는 일체의 활동을 말한다. 즉 잠재적 소비자의 신규 거래를 유도하거나 고객을 단골손님으로 전환시키기 위해서 활용하는 홍보 방법을 말한다. 전화는 시간, 공간, 거리의 장벽을 극복하는 마케팅 기법으로 개념으로 당사자와 직접 대화를 할 수 있는 쌍방향 미디어이기 때문에 효과가 높은 홍보 방법이다.

그러나 문제는 고객의 전화번호를 수집하는 것이 정보 이용 동의자만이 가능하기 때문에 불특정 다수의 잠재 고객의 전화번호를 수집하는 것이 어렵다. 따라서 기존의 고객 중에서 정보 활용에 동의한 고객에 한해서 새로운 메뉴나 이벤트를 알리는 데는 효과를 볼 수 있는 홍보 방법이다.

제5장

단골손님을 늘리는 고객관리

1 고객의 성격

20세기 초반은 생산자의 시대에서 소비자의 시대로 넘어오면서 고객에 대한 개념은 기업의 가장 중요한 가치이자 자산이 되었다. 고객의 관리를 통해 기업은 수익을 창출하고 생존하고 성장할 수 있는 기반을 마련할 수 있다.

고객(顧客)은 음식점에서 만든 음식과 서비스를 구매하러 오는 개인이나 가구를 말한다. 상품의 구매자를 높여 부르는 말로 매장에 음식을 사러 오는 손님이라고도 한다. 손님은 구매 경험은 없지만, 매장에 한 번 찾아온 사람을 뜻하며, 고객은 한두 번 구매한 경험이 있으며, 재구매하기 위해 찾아오는 사람을 의미한다.

영어로는 커스터머(Customer)라고 하는데 어원은 커스텀(Custom)이다. Custom은 어떤 물건이나 대상을 습관화하는 것 또는 습관적으로 행하는 것을 말한다. 영어의 어원으로 보면 고객은 상품 구매를 습관적으로 하는 사람이라는 것을 유추해 볼 수 있다. 따라서 음식점에서 제공하는 음식과 서비스에 대한 만족이 있어야 습관적으로 구매 행위가 이어질 수 있음을 의미한다.

가. 고객의 성향

고객들은 과거에 비해 교육 수준이 높아졌고, 다양한 정보의 공유로 인해서 음식을 구매하는 데 있어 과거보다 복잡한 선택 기준을 가지게 되었다. 과거에는 음식을 많이 주기만 하면 선택하던 시절도 있었고, 음식의 맛만 있어도 소문이 나서 구매하던 시절도 있었지만, 현재는 음식의 질과 함께 제공되는 서비스의 질도 함께 선택하는 경향이 높아졌다.

더욱이 음식점의 증가로 인해서 경쟁이 치열해짐에 따라 소비자들의 선택 폭은 훨씬 높아지고, 똑똑해졌다. 따라서 이러한 시장에서 고객을 늘리기 위해서는 고객의 성향을 정확히 이해하고 음식과 서비스를 제공해야 한다.

고객의 성향은 소비자로서 권리 의식이 점점 높아져 돈을 지불하는 만큼 최상의 대우를 받고 싶어 하며, 자신이 매우 가치 있는 존재라는 점을 확인하고 싶어 하는 특징을 보이고 있다.

나. 고객의 구매 결정 원인

고객의 구매 결정 원인을 보면 단지 음식의 맛은 기본이고, 직원들의 서비스의 질, 고객의 판단에 따른 가치에 대한 만족이 있어야 한다. 세 가지 기준 중에서 한 개라도 고객의 기대를 충족시키지 못하면 좋은 구매로 이어지지 못하게 된다. 따라서 음식점에서 이윤을 내기 위해서는 단지 음식의 맛만이 아니라, 직원들의 높은 서비스가 제공되어야 하며, 고객은 음식과 서비스에 대해서 만족해서 구매해야겠다는 마음을 불러일으켜야 한다.

고객은 매장에 이윤을 안겨주는 존재이기 때문에 고객이 없는 음식점은 존재할 수 없다. 음식점에서 만드는 음식과 제공하는 서비스는 고객이 서비스할 기회를 제공해 줌으로써 호의를 베푸는 것이라고 할 수 있다. 따라서 고객의 욕구에 맞는 음식과 서비스를 제공해야만 이윤이 생기고, 음식점이 존재할 수 있기 때문에 음식점에게 가장 중요한 것이 고객 관리가 될 수 있다.

다. 고객의 일반적 심리

고객은 다음과 같은 일반적 심리를 가지고 있다. 이를 마케팅에 반영하여 매출을 증가시

커야 한다.

1) 기억 욕구

고객은 음식점에서 자신을 기억해주기를 바라고 있으며, 나아가 환영받기를 원한다. 따라서 음식점은 고객을 기억하고 있다가, 취향이나 소비 형태를 반영하여 마케팅하면 매출을 증가시킬 수 있다.

2) 관심 욕구

고객은 음식점의 관심을 받고 싶어 하며, 나아가 관심을 독점하기를 원한다. 따라서 음식점은 고객에 대해서 관심을 받고 있다는 것을 느끼고, 매장에 방문했을 때 감동할 수 있는 서비스를 제공하면 매출을 증가시킬 수 있다.

3) 우월 욕구

고객은 자신을 중요한 사람으로 인정받고 싶으며, 나아가 우월감을 느끼고 싶어 한다. 따라서 음식점은 하는 고객이 매우 중요하게 느끼게 하고, 칭찬거리를 찾아서 제공하면 매출을 증가시킬 수 있다.

4) 편안 욕구

고객은 매장에 방문하면 편안함을 느끼고 싶어 한다. 따라서 음식점은 고객에게 집처럼 편안하게 느끼도록 해주어야 하며, 친절하게 대하면 매출을 증가시킬 수 있다.

5) 기대 욕구

고객은 자신에게 특별한 서비스를 제공해 줄 것이라는 욕구를 가지고 있다. 따라서 음식점은 고객의 작은 요구라도 수용해 주면 매출을 증가시킬 수 있다.

6) 모방 욕구

고객은 자신보다 나은 모습에 대해서 따라 하고 싶은 모방의 욕구를 가지고 있다. 따라서 음식점은 고객이 좋아하는 것에 대해서 같다는 생각을 가지도록 하면 매출을 증가시킬 수 있다.

7) 공정 욕구

고객은 어떤 일을 하든 손해 받지 않고 싶은 공정 욕구를 가지고 있다. 따라서 음식점은 고객이 공정한 대우를 받고 있으며. 자신이 지불한 돈의 가치에 비해서 많은 서비스를 제공하면 매출을 증가시킬 수 있다.

2 고객관리

고객관리는 음식점 이용자의 이용 상황이나 기호 등 정보를 모아서 관리하고, 여러 가지의 메뉴를 관리·개발하고, 서비스의 실현이나 마케팅에 이용하는 것을 말한다. 과거에는 신규 고객의 획득에 초점을 맞춘 마케팅에 주로 관심을 기울여 왔으나, 오늘날은 기존의 고객을 유지하는 것이 신규 고객을 획득하는 것 이상으로 중요하다는 것을 인식하게 됨에 따라 고객 관계 관리가 중요하게 되었다.

요즘에는 생산자와 고객 간의 상호작용에 초점을 맞추어 고객을 단순히 음식이나 서비스를 가끔 구매하는 사람으로 간주하는 것이 아니라 일종의 관계 파트너로서 보게 되면서 고객과의 관계가 중요해짐에 따라 영역을 넓혀 고객 관계 관리라고 한다.

고객 관계 관리(Customer relationship management, 줄여서 CRM)는 소비자들을 자신의 고객으로 만들고, 이를 장기간 유지하고자 하는 경영방식이며, 음식점이 고객과의 관계를 관리, 고객 확보, 그리고 고객, 판매인, 협력자와 내부 정보를 분석하고 저장하는데 사용하는 광대한 분야를 경영 기법을 말한다. 음식점에 입장에서 고객과의 관계를 관리함을 말하며, 여기서 관리한다는 뜻은 고객이 기업에 신뢰성과 만족감을 유지하기 위해서 노력한다는 뜻으로 이해하면 된다.

가. 고객 관계 관리의 목적

① 고객과의 관계 형성을 통해서 신규 고객을 확보한다.
② 고객의 만족도를 높여 기존 고객을 유지한다.

③ 고객의 증가로 인해 음식점의 수익 증대 효과를 이룬다.
④ 고객의 행동을 예측하여 메뉴를 개발하거나 서비스를 제공한다.
⑤ 고객 만족을 통해 구매에 영향을 주기 위해서다.

나. 고객 정보 분석을 통한 마케팅 전략

고객 관계 관리를 위해서 가장 먼저 해야 할 일은 외부 고객 성향과 욕구, 패턴을 파악하기 위해서 고객의 정보를 수집하고, 직원들을 대상으로 하는 내부 고객의 성향과 역량에 대한 정보를 수집해야 한다.

수집된 정보는 음식점을 찾는 어떤 대상인지, 무엇을 원하는지, 어떤 것을 좋아하고 싫어하는지, 어떻게 해야 만족감이 높아지는지, 어떤 메뉴를 구성해야 하는지, 어떤 서비스를 제공해야 하는지를 알 수 있다. 따라서 대부분의 음식점은 고객의 요구사항을 알기 위해 끊임없이 고객의 정보를 수집한다.

과거에는 고객관리에 있어 고객 대장이나 고객 카드 등을 작성하였는데, 현재에는 컴퓨터의 보급에 따라 컴퓨터로 고객관리를 하는 것이 일반적이다.

수집된 고객 정보를 바탕으로 핵심 고객, 단골 고객, 휴면 고객, 잠재 고객, 불량 고객 등 여러 특성 집단으로 분류하고, 각 집단별로 차별화된 마케팅 전략을 수립할 수 있다.

1) 핵심 고객

음식점에 가장 큰 수익을 가져다주는 핵심 고객에게는 특별한 메뉴나 서비스를 제공하여 매출을 증가하게 한다.

2) 단골 고객

음식점에 주기적으로 큰 수익을 가져다주는 단골 고객에게는 관계를 더욱 증진하고, 인센티브를 제공함으로써 매출이 증가하게 한다.

3) 휴면 고객

예전에는 단골 고객이었는데 잠시 구매가 중단되어 있는 휴면 고객에게는 구매를 일으킬 수 있는 홍보와 이벤트를 제공한다.

4) 잠재 고객

현재까지는 메뉴·상품·서비스를 구매하지 않으나, 앞으로 구매 가능성이 있는 잠재 고객에게는 음식점에 대한 홍보 SNS나 현수막을 이용한 홍보를 한다.

5) 불량 고객(블랙 컨슈머)

일회성이든 상습적으로 불만을 표시하고, 반품하는 불량은 특별히 관리하여 문제행동을 일으키지 않도록 예방한다.

각 고객 집단에 실시한 마케팅에 어떤 반응을 보일 것이고, 음식점은 다시 이 반응 정보들을 분석하여 다음의 고객 정보 수립에 반영하는 피드백을 수행한다.

3 고객만족을 높이는 방법

고객 만족은 음식점에서 고객 또는 소비자의 만족을 목표로 하는 경영 기법을 말한다. 현재 많은 산업 분야에서 가장 주목받고 있는 마케팅개념이 바로 고객만족이다. 이는 기업의 메뉴나 서비스에 만족한 고객은 기업에게 이윤을 가져다줄 것으로 믿고 있기 때문이다. 최근 고객 만족이 기업들의 슬로건이 되면서 기업들은 고객들의 기대 충족뿐만 아니라 고객에게 기대 이상의 만족을 가져다줄 방안을 모색하는 데 열중하고 있다.

가. 고객만족의 중요성

실제로 고객만족과 구매 행동과는 높은 상관관계가 있는 것으로 나타나기 때문에 음식점에서 매출이 증가하기를 원하면 고객에게 만족감을 주어야 한다. 고객만족이 높아지면 음식점이나 음식점의 음식에 대한 소비자의 구매 비중과 추천율이 높아질 뿐만 아니라, 더 높은 가격을 지불할 의향도 생기게 된다.

고객만족의 원인에는 음식의 맛, 가격, 주문 후 대기 시간, 매장의 인테리어, 직원들의 매너 등 다양한 요인에 의해 고객의 만족 또는 불만족으로 이어질 수 있기 때문에 소비자를 모든 부분에서 만족시키기는 힘들다. 그러나 고객이 만족하는 원인을 정확히 알고 서비스를 제공해 주거나, 고객이 원하는 욕구를 해결해 주면 충분히 고객만족을 할 수 있다.

나. 고객만족의 특징

고객이 음식이나 서비스에 대한 만족과 불만족은 성과에 대한 고객 자신의 지각의 결과로써 나타나는 감성적 반응이다. 따라서 객관적인 음식의 맛이나 서비스의 질과 고객이 지각하는 품질은 반드시 일치하지 않는다. 객관적으로 음식과 서비스의 수준이 동일하더라도 고객이 주관적으로 받아들이는 품질 수준은 상이할 수 있다. 예를 들어 맛이 없는 집에도 손님이 많은 경우가 있으며, 서비스가 나쁨에도 불구하고 손님이 많은 경우가 있다.

고객만족은 고객이 음식과 서비스를 경험하고 그 품질과 성과를 주관적으로 지각한 후 느끼는 감정적 결과이기 때문이다. 지각된 음식과 서비스의 질은 이성적으로 판단되는 개념인 반면, 만족은 흐뭇함.놀라움.유쾌함.안도감 등 감성적 측면을 의미한다. 그러나 지각된 음식과 서비스는 고객만족에 중요한 영향을 미치므로 지각된 품질과 고객만족은 서로 불가분의 관계라고 볼 수 있다.

다. 고객만족을 높이는 방법

고객만족을 위해서는 음식의 맛과 서비스의 질을 높임과 동시에 고객이 만족할 수 있는 고객의 성향에 따른 특별한 경험을 주어야 한다. 예를 들어 고객이 매장에 들어섰을 때 자신을 알아주고, 편안한 환경을 제공하면서, 메뉴 선택에서 합리적인 선택을 하게 한다면 고객은 자신을 알아주었다는 생각에 음식점에 대한 신뢰도가 증가하고, 음식점에서 제공한 서비스에 대하여 긍정적으로 변하면서, 음식의 맛과 서비스에 대해서도 만족감이 높아지게 된다.

라. 고객의 욕구를 파악하는 방법

고객만족을 위해서는 먼저 고객들이 욕구를 알아야 한다. 고객의 욕구를 정확히 알아야 요구를 해결할 수 있는 음식의 질과 서비스의 질을 제공할 수 있기 때문이다. 고객의 욕구를 알기 위해서는 매장을 방문한 고객에게 어떤 서비스의 제공이 필요한가에 대한 간단한 질문을 하거나 간단한 설문조사를 통하여 정보를 수집해서 질문과 설문 결과로 나타난 분석자료를 바탕으로 서비스를 제공해야 한다.

질문이나 설문조사보다 쉬운 방법은 음식과 서비스에 대한 고객의 반응을 관찰하여 어떤 때 만족감이 높은지, 어떤 때 불만족하는지에 대한 사례를 모아 마케팅에 반영하면 된다.

4 단골 고객을 늘리는 방법

음식점의 입장에서 자사의 음식을 선호하여 자주 구매하는 고객을 말하며, 충성고객이라고도 한다. 그러나 단순히 계약을 통해 주기적으로 거래 관계를 유지하는 것은 비록 단골과 마찬가지로 고정적으로 거래가 행해지지만 단골 고객이라고 하지 않는다. 고객과 음식점이 의무적으로 행하는 것이기에 계약 관계가 종료되면 바로 거래 관계가 종결되는 관계이기 때문이다.

음식점의 단골 고객의 특징을 보면, 외식 브랜드 가치만 믿고 자주 재구매하는 고객, 다양한 음식과 서비스를 포괄적으로 구매하는 고객, 다른 고객에게 적극 추천하는 고객, 경쟁 음식점의 유인 전략에 흔들림 없는 고객을 말한다.

가. 단골 고객의 중요성

단골이 많은 음식점일수록 안정적인 매출을 올리는 데 도움이 된다. 장사 잘되는 음식점 중에서는 신규 고객의 매출은 20%, 단골 고객의 매출은 80%에 육박하는 매장도 있다. 실제로 코로나로 접객업소를 찾는 인구가 줄어 듬에 따라서 음식점의 매출이 급감할 때도 신규 고객에 의존했던 음식점에서는 평소 매출의 20% 이하로 떨어진 곳도 많았으나, 단골 고객이 많은 음식점에서는 매출의 변화가 거의 느끼지 못했다고 한다.

기업들은 새로운 고객을 확보하는 것보다 오래된 고객을 유지하며 관리하는 것이 더 효율적 비용 절약이라고는 것을 알게 되었다. 실제로 신규 고객 1명을 확보하는 데 필요한 비용은 오래된 고객을 유지하는 데 필요한 비용의 7배~10배에 달한다고 알려져 있다. 그리고 고객 한 명으로부터 창출될 수 있는 이윤은 오래된 고객일수록 높다는 것도 증명되었다. 따라서 음식점으로 성공하기 위해서는 단골고객을 늘리는 것이 가장 중요한 요인이라고 할 수 있다.

나. 단골 고객을 만드는 방법

단골 고객이 생기는 요인을 보면 가장 대표적인 것으로는 손님의 활동영역과 거리가 가깝거나, 해당 음식점이 제공하는 음식의 맛과 서비스가 손님의 취향에 잘 맞거나, 단순하게 주변에 동종음식점이 없거나, 이미 이용하던 음식점 외의 다른 곳으로 바꿀 필요성을 못 느껴서 등 여러 가지 요인이 존재한다.

예를 들어 동네 식당의 단골 고객이 많은 이유를 보면 반찬을 좀 더 내주거나, 외상을 허용하는 경우가 대표적이었다. 비교적 큰 음식점에 단골 고객이 많은 이유는 각종 포인트나 쿠폰 제도도 혜택을 누릴 기회가 많은 경우였다.

단골 고객이 많은 업소들을 분석해보면 다음과 같은 마케팅 전략을 시행하고 있었다. 따라서 음식점에서 단골 고객을 늘리려면 다음의 전략 중에서 음식점의 상황에 맞는 전략을 선택하는 것은 매우 도움이 될 것이다.

1) 홍보 서비스 제공

고객의 전화번호를 확보함으로써 음식점에서 맞춤 할인 정보, 적절한 마케팅과 광고 캠페인, 알맞은 구매 조건을 문자로 보낸다.

2) 포인트 적립

메뉴가 다양한 음식점에서 사용하며, 결제금액의 3~5%가 일반적으로 적립된다. 방문 횟수보다는 금액을 우선한다.

3) 스탬프

메뉴가 비교적 적은 음식점에서 사용하며, 꾸준히 방문하는 고객에게 10회 방문 당 1상품을 제공하는 것이 일반적이다. 금액보다는 방문 횟수를 우선한다.

4) 쿠폰 발송

고객의 데이터를 기반으로 기간, 성별, 연령대 등 다양한 타겟 마케팅을 진행할 수 있다. 할인 쿠폰, 증정 쿠폰 등을 활용한다.

5) 이벤트 제공

음식점의 음식을 구매한 고객에 대해서 경품이나 시식권 같은 이벤트를 내걸고 연락처를 적게 하여 홍보 서비스나 쿠폰을 발송한다.

6) 컨텍 포인트

컨텍 포인트는 기존 고객이나 신규 고객으로 유입이 가능한 고객을 대상으로 하는 특별 관리 서비스이다. 고객은 어떤 상품을 이용할 때 자신에게 무언가를 더 해주는 곳을 한 번이라도 더 이용할 수밖에 없다. 따라서 매장관리, 매장 고객관리, 매장 마케팅, 단골 고객관리 등을 해줌으로써 기존 고객들의 재방문을 유도하여 매출의 극대화를 노리는 방법이다.

5 불만 고객을 줄이는 방법

불만 고객은 음식의 맛, 가격, 주문 후 대기 시간, 매장의 인테리어, 직원들의 매너 등에서 불만족을 느껴 더 이상 매장을 찾지 않는 고객을 말한다. 고객은 음식을 먹어 보고, 매장에서 제공하는 서비스를 받아 보면서 자신의 기대에 얼마나 부응하는지를 판단하게 된다. 자신이 주관적으로 지각한 음식이나 서비스의 질에 대한 수준과 기대한 음식이나 서비스의 질 간에 비교가 부정적으로 불일치하게 되면 불만족한 감정을 유발하게 된다.

가. 불만족의 원인
불만족이 생기는 구체적인 원인을 보면 다음과 같다.

1) 직원의 고객에 대한 인식 부족
불량품이나 불만족스러운 메뉴를 구매한 고객은 불만과 더불어 교환을 요구하는데, 이러한 요구를 무시하거나 회피할 때 발생한다.

2) 무성의한 고객응대 태도
고객의 질문에 제대로 답변하지 않거나, 고객의 요구에 대한 일방적인 무시하는 행위, 무성의한 답변, 불친절 등이 원인이다.

3) 메뉴 지식의 결여

직원의 부족한 메뉴 지식으로 인한 잘못된 메뉴 설명은 주문한 음식에 대해 문제를 일으킬 수 있으며, 심하면 컴플레인을 발생시킨다.

4) 음식 관리의 소홀

음식 제조 및 음식 이동 중에 발생한 불량품을 판매한 경우 원인이 될 수 있다.

5) 무리한 판매 권유

직원의 비싼 음식의 강매나 추가 메뉴 선택에 대한 강요는 고객에게 신뢰감과 불쾌감을 줄 수 있는 원인이 될 수 있다.

6) 약속 불이행

기대한 음식과 서비스에 대한 불신과 배신감을 느껴 시간과 금전적인 보상을 요구할 수 있다.

나. 불만 고객의 문제점

불만 고객은 음식점에 불만을 표시하거나, 더 이상 방문하지 않게 된다. 문제는 아무런 행동을 취하지 않는 불만 고객이 불평하는 고객보다 훨씬 많다는 것을 알아야 한다. 미국 소비자 보호 사무국의 조사 결과에 따르면 메뉴에 대해 불만을 가진 소비자 중 단지 4%만이 불평을 이야기하며, 나머지 96%는 불평 없이 그냥 떠나 버린다는 것이다. 즉, 소수의 사람만이 음식점에 문제점을 제기한다는 것이다.

불만을 표시하지 않은 고객 중에는 대부분이 불만을 표시하지 않는 이유는 기업에 전달

해도 받아들여지지 않을 것이기 때문에 언급할 필요가 없다고 생각하여 문제를 제기하지 않는다고 한다.

문제는 불만을 표현하지 않고 떠난 고객 중에 상당수는 가만히 있지 않고 주변에 나쁜 소문을 퍼뜨리거나, 불만을 털어놓는다고 한다. 구전을 통해 퍼진 악평으로 인하여 고객 감소는 매출 감소를 가져오게 한다는 것이다. 따라서 음식점의 관심 대상을 불만을 제기한 불만 고객에게만 한정하지 말고 행동을 취하지 않는 불만 고객까지 확대해야 한다.

악평은 호평보다 2배 이상 빨리 퍼지기 때문에 나쁜 소문으로 인한 부정적인 효과는 짧은 시간 내에 크게 커질 수 있다. 따라서 한번 악평이 퍼지기 시작하면 경영에 타격을 입을 수밖에 없다. 따라서 성공적인 고객만족 경영을 위해서는 불만 고객이 생기지 않도록 최선을 다해야 한다. 그리고 불만 고객이 생기더라도 고객의 불평을 효율적으로 관리하면 불만 고객의 불만을 줄일 수 있다.

다. 불만 고객을 줄이는 방법

음식점이 불만 고객의 불만을 줄이기 위해서는 고객의 불만을 접수하여 적극적으로 해결해주어야 음식점에 대한 부정적 구전을 최소한으로 줄일 수 있는 방법임을 인식해야 한다.

불만 고객이 생겼을 때 대응하는 방법을 보면 다음과 같다.

① 무조건 끝까지 고객의 말을 들어 주어야 한다.
② 고객에 대한 선입견으로 고객을 판단하지 않고 객관적으로 들어 준다.
③ 직원의 실수에 대해서 변명하거나 편들지 않는다.
④ 고객 입장으로 감정이입을 해서 고객을 안정시키고, 최선을 다해서 빨리 행동한다.
⑤ 다른 일은 멈추고 최우선으로 처리하여 자신이 대우받고 있다는 생각이 들게 한다.
⑥ 불만이 일어난 장소를 떠나서, 불만을 일으킨 직원을 대신하여 권한을 가진 직

원이 불만 고객을 응대한다.
⑦ 고객의 욕구와 기대를 파악하여 다른 방법보다 빠르고 우수하고, 효과적인 서비스를 제공하며 고객의 기대치보다 높은 처리를 한다.
⑧ 자신이 해줄 수 있는 권한 내에서 약속하고 처리한다.
⑨ 불만이 해결되면 감사의 인사를 한다.
⑩ 불만을 해소할 수 있는 하나의 기회라고 생각한다.

6 고객 정보 관리

개인 정보란, 고객의 소속 기업, 이름, 직함 등 소속 집단의 명함 등에 나와 있는 항목과 주민등록번호, 주소, 가족 관계 등 개인의 신상과 관련된 내용을 통칭한다.

가. 개인 정보의 중요성

개인 정보는 단순히 일개인의 조건과 관련된 부분만이 아니다. 이를 악용하는 경우 금융사기, 사생활 침해, 타인 사칭 등 다양한 피해와 범죄를 발생시킬 수 있다. 따라서 개인의 안전과 재산에 직접적인 관련이 있을 수 있으므로 이를 다루는 데 각별한 주의가 필요하다. 고객으로서 개인의 정보 관리가 중요한 이유는 개인의 정보가 유출되고 이 정보가 남용될 시, 많은 사회 문제들이 야기되기 때문이다.

나. 고객 정보 관리

음식점에서는 고객관리 차원에서 고객에 대한 표면적인 정보를 수집하고 관리할 수 있다. 신용 사회의 가장 중요한 부분인 개인의 정보는 업무를 빠르고 효율적으로 처리할 수 있게 하고, 생활 전반의 편리와 효율화를 가져온다. 그러나 남용했을 때는 문제점을 야기할 수 있다.

고객의 개인 정보는 음식점 입장에서는 단순히 얼굴도 알지 못하는 고객의 정보라고 생각할 수도 있지만, 고객 입장에서 이 정보는 한 개인의 많은 것이 담겨있는 소중한 정보이다.

  음식점의 고객 정보 수집자는 이를 이해하고 잘 관리하는 자세를 가져야 한다. 따라서 고객의 정보를 보호하는 차원에서 개인 정보 수집은 최소로 해야 하며, 업무에 필요한 일정 부분을 제외하고는 불필요하게 수집하거나 활용하지 않아야 한다.

  개인 정보와 관련하여 많은 문제점과 사회적인 이슈가 발생함에 따라 이를 방지하고 서로의 권한 및 이익을 보호하기 위해 각 기관은 개인으로부터 '개인 정보 수집 및 활용 동의서'를 받고 이에 따라 개인 정보를 수집하고 활용하며 관리하고 있다. 따라서 음식점에서도 수집한 개인 정보에 대해서 활용하기 위해서는 고객으로부터 '개인 정보 수집 및 활용 동의서'를 받아 사용 목적 이외에는 사용하지 말아야 한다. '개인 정보 수집 및 활용 동의서'는 부록에 제공하였다.

〈표 5-1〉 개인 정보 제공 동의서

개인 정보 제공 동의서			
성 명		생년월일	
본인은 개인 정보 제공에 동의합니다. 20년 월 일 동의인 : (서명) 귀하			

7 고객 증가 우수 사례에 대한 벤치마킹

고객을 유지하고 증가시키려면 나름대로의 마케팅 전략이 필요하다. 대기업에서는 마케팅을 전담하는 부서가 있어서 자체적으로 고객관리에 대한 마케팅 전략을 세워서 관리를 한다. 그러나 소규모의 음식점은 자체적으로 만들기기 어렵기 때문에 가장 좋은 방법은 동종 음식점나 메뉴가 비슷한 음식점에게 고객관리 노하우를 배우는 벤치마킹이 매우 효과적이다.

벤치마킹을 할 때는 다른 음식점의 고객관리 노하우를 그대로 모방하는 것이 아니라 음식점의 특징에 맞도록 합법적으로 응용하면 단시간에 매출을 증대시키는 효과가 있다.

나. 벤치마킹 종류

벤치마킹 종류를 보면 다음과 같다.

1) 경쟁적 벤치마킹

동종의 경쟁음식점에서 혁신적이고 창의적인 사례를 조사하여 적용하는 것을 말한다. 구체적인 사례를 배울 수 있으나, 자료 입수가 어렵고 윤리적인 문제가 발생할 수 있다.

2) 전략적 벤치마킹

친분이 있는 동종의 음식점으로부터 협력관계를 맺고 오랫동안 조사해서 적용하는 것을 말한다. 자료 입수가 쉬우나 시간이 오래 걸린다.

  3) 기능적 벤치마킹
  동종의 음식점 중 가장 성공한 음식점에서 혁신적이고 창의적인 사례를 조사하여 적용하는 것을 말한다.
  실정에 맞으면 매출 증대에 큰 효과를 볼 수도 있지만 반대로 실정에 맞지 않아서 효과를 보지 못할 가능성이 있다.

다. 벤치마킹 자료 수집 방법

  벤치마킹에 필요한 자료는 다양한 경로로 수집할 수 있다. 가장 좋은 방법은 우수 사례를 수집하기 위해 성공한 음식점을 방문하여, 체험하면서 직접 수집하는 것이 좋으나, 사정이 여의치 않으면 별도의 비용 지출이 필요 없는 인터넷 검색을 통해 벤치마킹을 하는 것도 좋은 방법이다.

8 고객 분석

   고객 분석은 컴퓨터를 이용하여 고객에 대한 여러 가지 정보를 데이터베이스화하고, 이를 바탕으로 고객 개개인과의 장기적인 관계 구축을 위한 마케팅 전략을 수립하고 집행하는 활동을 말한다. 그래서 시장의 정보를 측정하고 분석하여 시장을 세분화하고 상품 및 서비스의 차별화를 구축하는 프로세스라고도 할 수 있다. 따라서 고객이 어떤 메뉴에 대해 평생 동안 소비하는 금액을 자기의 점포에서 소비하도록 하기 위해 고객과의 유대를 강화, 평생 고객 관계를 구축하는 것이다.

가. 고객 데이터베이스 구축 방법

① 고객의 지리적, 인구 통계적, 심리적 특성이나 구매 기록을 수록한 후 데이터베이스 마케팅 캠페인의 적합한 대상을 추출하는 것은 물론 시장 세분화나 포지셔닝 등을 위한 기초 자료로도 활용한다.

② 데이터베이스 마케팅은 기존의 무분별한 매스마케팅과는 달리 다품종 소량의 고객 중심 마케팅으로서, 고객의 기호와 수요의 차이를 고려한 상품과 서비스를 생산, 판매하는 것을 전제로 한다.

나. 데이터베이스 분석 방법

① 홈페이지, 쿠폰, SNS, POS시스템, 인터넷, 각종 이벤트 등을 활용하여 고객들의 정보를 수집 및 분석하고 있다.

② 고객들의 리뷰관리, 방문 고객 분석, 상권분석 등을 한눈에 알아보기 쉽게 분석하고 확인할 수 있다.

③ 가장 기본적이나 효과적인 고객 분석 방법으로 매장 근무자 및 대표가 직접 고객에게 친절하게 다가가고 기억하고 관계를 만드는 것이라고 할 수 있다.

제6장

고객만족을 높이는 서비스관리

1 서비스의 정의와 중요성

서비스를 명확하게 정의하기는 쉽지 않다. 서비스라는 용어는 개념이나 내용이 아주 애매하고, 사용하는 범위의 형태가 때와 장소에 따라 다양한 의미를 내포하기 때문이다.
경제학에서는 서비스를 유형재인 재화(財貨)와 구분되는 용역(用役)으로 간주하고 있다. 결국 경제학에서 말하는 서비스는 비생산적 노동, 무형의 상품이라고 할 수 있다. 경영학에서는 서비스를 판매 목적으로 제공되거나 상품 판매와 연계해서 제공되는 모든 활동, 편익, 만족을 말한다.

가. 서비스의 특성
서비스의 특성을 보면 다음과 같다.

1) 무형성
서비스는 무형의 상품이기 때문에 고객에게 견본을 제시하기가 불가능하여 오감을 통한 사전 감지가 불가능하며, 인식이 곤란하며 소유권 이전이 불가능하다.

2) 동시성
서비스는 생산되는 순간 전달이 되며, 소비가 동시에 이루어진다.

3) 다양성

서비스는 고객의 판단에 따라 매우 달리 평가되고, 객관적인 품질과는 다르게 주관적으로 받아들일 수 있다. 그래서 똑같은 서비스라고 해도 제공받는 사람에 따라서 각각 다르게 받아들인다. 따라서 모든 사람이 만족하는 표준화된 서비스를 만들기는 어렵다.

4) 소멸성

서비스는 실행되자마자 소멸된다. 따라서 서비스는 보관이나 저장이 불가능하며, 장소적 시간적인 제약도 많이 받게 된다.

5) 모방성

서비스는 특허를 내기 어렵기 때문에 모방하기가 쉽다.

나. 서비스의 중요성

음식점의 새로운 서비스 개발 능력은 음식점의 성장 가능성을 예견하는 중요한 지표가 된다. 신기술 개발의 속도가 빨라지고, 소비자의 기호가 다양해짐에 따라 서비스의 수명주기는 점차 짧아지는 추세다.

서비스를 외면하는 음식점들은 경쟁에서 뒤처지게 될 뿐만 아니라 궁극적으로는 생존에 심각한 위협을 받게 될 것이다. 외식점포는 고객을 상대로 하는 최종소비처이면서 영업행위가 이루어지고 있는 장소다. 따라서 단순히 음식만 판매한다면 소비자의 생리적 욕구를 충족시킬 수는 있어도 고객만족을 얻기에는 한계가 있다.

오늘날과 같이 극심한 경쟁 속에서 살아남기 위해서 음식점은 소비자가 만족할 수 있는 새로운 서비스를 개발하여 제공해야 한다.

다. 음식점에서 필요한 서비스

서비스는 꾸준한 반복 훈련을 통한 숙련된 행동을 필요로 한다. 숙련된 서비스 수준이 높은 점포일수록 훌륭한 직원을 많이 확보하고 있으며, 항상 일정한 서비스 수준을 유지하기 위하여 노력한다. 음식점에서 필요한 서비스는 다음과 같다.

〈표 6-1〉 음식점에서 필요한 서비스

서비스 품질	세부 내용
유형성	매장의 시설과 장비는 최신 종사원들의 옷차림새, 용모는 단정 건물 외관은 훌륭 부대시설(주차장, 화장실 등)은 최고의 수준 실내 장식 및 색상, 규모는 최고의 수준
신뢰성	고객에게 약속한 것을 꼭 수행할 의지가 있음 약속한 서비스를 제때 고객에게 정확히 제공 고객 서비스를 최우선으로 수행 고객 자료를 정확하게 기록 및 관리 고객의 문제를 진심으로 해결하려고 노력
반응성	서비스 내용에 대해 정확히 알려줌 항상 고객들을 도우려는 의지 고객 서비스를 신속히 잘 수행 바빠도 고객 요구 사항에 즉각 응함
보증성	고객 개개인에게 세심하고 자상한 관심 고객에게 항상 정중하게 예의 믿음이 가는 신선한 재료를 사용 메뉴 및 고객에게 응답할 충분한 업무 지식
공감성	고객이 묻는 요구 사항을 잘 이해 최대 관심사는 고객

	고객 개개인에게 세심한 관심
	고객에게 확신을 주는 행동
	고객이 편리한 시간에 영업 및 근무
음식의 질	음식의 양 음식의 영양가 음식의 맛 음식의 재료는 신선

2 접객 서비스

접객 서비스란 매장에서 직원이 메뉴를 구매할 때 손님에게 즐거움과 만족감을 제공하는 것을 말한다. 외식산업에 있어서 접객 서비스는 고객의 존재에서부터 출발한다. 아무리 점포 분위기가 훌륭하고 맛있는 음식, 정중한 서비스, 청결한 환경이 구비되어 있어도 고객이 찾아주지 않으면 의미가 없으며, 사업으로서의 가치 또한 없다. 즉 고객이 존재하지 않는다면 점포의 존재가치는 의미를 상실하게 되는 것이다.

접객 서비스는 매출을 늘리는 데 매우 중요한 역할을 하기 때문에 음식점은 접객 서비스의 질을 높여야 한다.

가. 접객 서비스의 종류

음식점에서 이루어지는 서비스는 크게 셀프서비스, 카운터 서비스, 테이블 서비스가 있다.

1) 셀프 서비스

고객이 메뉴를 선택한 다음 고객이 직접 운반하거나 이동하여, 점포 내에서 식사하거나 점포 밖으로 가지고 가서 식사하는 형태를 말한다. 대체로 가격이 저렴하며, 신속하고 간편하게 제공되기 때문에 식사 시간이 짧고 식사 후 고객이 직접 잔반을 처리하게 되어 있다.

2) 카운터 서비스
주방을 개방하고 고객이 일련의 조리 과정을 직접 볼 수 있도록 카운터를 테이블로 하여 음식을 제공하는 레스토랑이다. 조리사의 동작을 고객이 볼 수 있기 때문에 지루하지 않고 흥미를 끌 수 있으며, 좌석 회전율이 비교적 높다. 회전초밥·포장마차 등에서 제공하는 개방형 주방 서비스라고도 한다.

3) 테이블 서비스
고객이 좌석에 앉아 메뉴를 살펴본 뒤 주문하고, 직원에 의해 음식이 제공되는 서비스 형태를 말한다. 패밀리 레스토랑, 캐주얼 다이닝(격식을 갖춘 식당), 파인 다이닝(고급 식당) 등이 여기에 속한다. 단 품목의 음식만 제공하는 한정 서비스 방식과 순차적으로 음식이 제공되는 풀 서비스 방식이 있다. 고급스러운 분위기와 높은 객단가 및 최상의 서비스를 제공함으로써 만족도를 높이는 서비스다.

나. 서비스의 원칙
음식 서빙과 서비스 제공을 담당하는 직원은 고객의 구매심리를 잘 파악하고 고객의 만족이 있도록 해야 한다. 방문 고객이 마음에 음식을 먹으러 왔다가 직원의 인상이 나빠서 그냥 나가거나, 접객기법이 미숙해서 매출을 올리지 못한다면 낭패가 아닐 수 없다. 따라서 고객의 심리에 적합한 접객 서비스를 한층 강화하지 않으면 안 된다. 접객 서비스의 최종 목표는 고객에게 상품과 서비스를 판매하는 것이기 때문에 접객 서비스에는 다음과 같은 원칙이 필요하다.

1) 스피드(Speed)

　기다리는 것을 좋아하는 고객은 없다. 고객을 맞이할 때는 정중하고 경쾌하게 행동해야 한다. 고객이 매장의 문을 열고 들어올 때는 일체의 행동을 중지하고 고객을 응대할 준비를 해야 한다. 주문받은 상품이나 고객이 원하는 사항에 대해서는 빠르게 대응해야 한다.

2) 스마트(Smatrt)

　직원의 단정한 복장, 건강한 얼굴, 명랑한 음성 등을 통하여 고객에게 신뢰와 만족을 제공해야 한다. 처음 만난 사람이라도 단정한 용모와 깔끔한 복장을 하고 있으면 왠지 모르게 믿음이 가기 마련이다. 사람의 몸가짐을 보고 그 사람을 품격을 짐작할 수 있다. 따라서 접객 서비스를 제공하는 직원은 용모와 복장을 단정히 하는 것은 필수다.

3) 스마일(Smile)

　스마일이란 치아가 보이도록 웃는 것을 말한다. 판매와 서비스를 담당하는 직원의 얼굴은 항상 밝고 친절한 미소가 넘쳐흘러 고객을 즐겁게 할 수 있도록 해야 한다. 단골 고객을 만드는 데 가장 중요한 것은 첫인상이다. 첫인상을 좌우하는 것은 스마일이다.

4) 화법(Communication)

　판매가 이루어지는 매장은 기업을 대표하는 서비스 제공자와 메뉴나 서비스 구매의 목적을 가진 고객이 교환을 위해 최초로 면대면으로 만나는 장소이다. 이 과정에서 판매원이 제시하는 언어적 커뮤니케이션은 고객의 심리적 행동적 반응을 형성할 수 있다. 특히 판매 상황에서 서비스 제공자는 고객을 주도하는 역할을 하기 때문에 서비스 제공자가 고객에게 던지는 언어적 커뮤니케이션은 고객의 반응을 이끌어 낼 수 있는 수단이 된다.

3 매장에서의 기본예절

매장에서 접객 서비스가 이루어지기 전에 직원들이 먼저 갖추어야 기본자세와 예절이 있다. 매장에서 갖추어야 할 기본자세와 예절을 보면 다음과 같다.

가. 기본자세

직원의 바른 자세는 손님의 마음을 기쁘게 해준다. 그리고 단골손님으로 만들어 준다. 직원으로서의 기본자세를 보면 다음과 같다.

① 상냥하고 부드러운 미소를 짓는다.
② 교양 있는 매너를 표현한다.
③ 긍정적이면서 발랄한 언어를 사용한다.
④ 정확한 표현을 사용한다.
⑤ 깨끗한 복장을 단정하게 입는다.
⑥ 절도 있게 행동한다.
⑦ 동작을 민첩하게 한다.
⑧ 친절하게 인사한다.
⑨ 몸을 바로 세우고 대화를 한다.
⑩ 주문을 신속하게 받는다.

나. 주의 사항

① 앞치마를 착용할 때는 몸에 꼭 맞게 착용한다.
② 땀에 젖은 제복이나 지저분한 옷을 입지 않는다.
③ 손톱은 항상 청결을 유지한다.
④ 단정한 스타일과 외관상 보기 흉한 헤어스타일은 피한다.
⑤ 머리는 자주 감고 비듬을 보이지 않도록 한다.
⑥ 명찰 착용 시에는 세 위치에 바르게 한다.
⑦ 향이 강한 화장과 향수를 금한다.
⑧ 머리는 단정하여야 하며 너무 긴 경우에는 단정하게 묶는다.
⑨ 입 냄새를 주의하고 식사 후에는 꼭 양치질을 한다.

다. 손님을 대할 때의 기본자세

① 손님이 들어오면 반갑게 인사한다.
② 손님과 대화할 때는 핸드폰 통화를 하지 않는다.
③ 손님과 대화할 때는 동료 간에 잡담해서는 안 된다.
④ 손님이 주문할 때는 기다리게 해서는 아된다.

라. 서빙 시 기본 자세

① 청결한 상태에서 위생에 최선을 다하는 모습을 보여주어야 한다.
② 컵에 메뉴를 담기 전에 반드시 이물질을 확인하여 깨끗한 컵을 사용한다.
③ 주문한 품목을 가져다 주거나 빈 컵을 회수할 때 꼭 쟁반을 사용한다.

4 매장에서의 서비스 순서

음식점에서 이루어지는 서비스의 순서를 보면 다음과 같다. 서비스의 순서는 업종에 따라 다르지만 가장 복잡한 서비스의 흐름을 통해서 해당 매장에서 서비스의 순서를 체크하는 것은 서비스의 질을 높이는 방법이 된다.

〈표 6-2〉 매장에서 서비스의 순서

구분	서비스 순서
서비스. 1	고객에게 인사
서비스. 2	테이블 안내
서비스. 3	물, 메뉴판, 기본 세팅물 제공
서비스. 4	메뉴 주문 받기
서비스. 5	주방에 주문서제공
서비스. 6	에피타이저 제공
서비스. 7	메인 요리 제공

서비스. 8	추가 주문 제공
서비스. 9	접시 치우기
서비스. 10	디저트 주문 받기
서비스. 11	디저트 제공
서비스. 12	계산서 제공
서비스. 13	계산
서비스. 14	계산 후 잔돈 지불, 신용카드 영수증 제공

5 매장 방문 시 고객 응대 요령

고객 응대는 매장을 방문한 고객이 구매 의사를 직접 행동으로 나타내는 과정에서 이루어지는 고객을 접대하는 것을 말한다. 이때 고객은 사장을 만나는 것이 아니라 직원만을 대면하기 때문에 직원의 고객 응대는 음식점의 판매 활동에 있어 매우 중요한 부분이라고 할 수 있다.

매장에서 일어나는 고객 응대 방법을 보면 다음과 같다.

가. 고객을 맞이한다.

① 고객을 맞이할 때는 부드러운 미소로 인사한다.
② 인사말을 할 때는 상냥하게 한다.
③ 인사는 입으로만 하는 것이 아니고, 눈, 표정, 태도, 동작 등에서 느낄 수 있도록 한다.
④ 고객을 맞이하는 동료의 인사 소리를 들으면 모두가 그쪽으로 신경을 쓰도록 한다.
⑤ 개점 직후 방문 손님이 영업의 개시를 물을 때
  • 매장이 개점을 바로 시작해서 손님이 들어 왔을 때 영업의 개시를 물었을 때 직원의 응대가 마음에 들어야 기쁜 마음으로 주문을 할 수 있다.
  • 어정쩡한 응대를 하거나, 불쾌감을 느끼면 나갈 수 있으므로 다음과 같이 응대

해야 한다.
- "네 시작하고 있습니다. 이쪽으로 오세요."
- "아침 일찍 찾아주셔서 감사합니다. 이리 앉으세요."
- "어서 오세요. 0시부터 시작하고 있습니다."

나. 고객을 테이블로 안내한다.

1) 일반 손님
- "어서 오십시오. 손님 몇 분이십니까?"
- "0명입니다."
- "○○○씨 00분 손님 00번으로 안내하십시오." 또는 "손님, 이쪽으로 오십시오." 하면서 테이블로 직접 안내한다.

2) 예약 손님
- "어서 오십시오. 손님, 예약하셨습니까?"
- "000 외 0인 예약했어요."
- "예, 알겠습니다. 00 : 00시부터 00 : 00시까지군요."
- "0번 테이블입니다. ○○○씨 0번 테이블 0분 손님 안내 부탁합니다."

3) 대기 손님
- 예약 손님 외에 홀의 만석으로 인하여 대기석에 손님이 대기하는 경우에는 반드시 대기 손님의 순번을 기록하여 순서대로 안내한다.
- "대기 번호 ○번 손님 ○번 테이블로 두 분 손님 안내하겠습니다."
- "대기 번호 ○번 손님 이쪽으로 오십시오." 하면서 테이블로 직접 안내한다.

4) 손님이 많아서 합석을 유도할 때
- "손님, 다른 손님이 오시면 합석하시겠습니까?"
- "그러지요."
- "예, 알겠습니다. 여기는 0인석이므로 나중에 0인 손님과 합석하도록 부탁드립니다."

다. 물, 메뉴판, 기본 세팅을 제공한다.

① 손님이 자리에 앉으면 곧바로 물을 제공하도록 한다.
② 물컵을 식탁에 놓을 때는 소리가 나지 않도록 한다.
③ 컵 모서리를 먼저 테이블에 놓는다.
④ 컵 바닥을 조용히 테이블에 내려놓는다.
⑤ 물컵을 제공할 때는 손가락이 컵 안쪽으로 들어가지 않도록 주의한다.
⑥ 물컵은 식탁 끝에서 10cm 정도의 안쪽에 놓는다.
⑦ 물컵은 손님의 오른손 앞에 놓는다.
⑧ 식탁이 비좁아 부득이 왼손에 놓을 때는 가볍게 양해를 구한다.
⑨ 손님 앞에서는 빈 컵을 손가락 사이에 끼고 가는 일이 없도록 한다.
⑩ 컵을 겹겹이 포개 놓아서는 안 된다.

6 메뉴 주문 시 고객 응대 요령

가. 메뉴판을 제공한다.
① "손님, 메뉴판 여기 있습니다."
② 손님의 좌측에서 손님이 받기 쉬운 각도로 드린다.
③ 메뉴판을 직접 펴서 손님에게 드리는 것이 친절한 서비스이다.

1) 주문을 받는 시기
① 메뉴판을 덮어 두고 있을 때
② 메뉴판을 열고 있어도 이야기하고 있거나, 물을 마시고 있을 때
③ 두리번거리며 종업원을 찾고 있을 때

2) 고객이 메뉴에 대한 충분한 지식이 없어 메뉴에 대해 질문한 경우
① "빨리 되는 것이 무엇입니까?"
• 손님의 입장이 되어서 메뉴를 권한다.
• 메뉴에 대한 충분한 지식을 가지고 즉시 응대하는 자세가 필요하다.

② "맛있는 음식은 무엇이죠?"
• 손님이 결정하기 쉽도록 옆에서 조언하거나 설명한다(되도록 권장 메뉴나 스페

셜 메뉴 유도).
- "네 ○○○은 어떠세요? 손님들이 가장 많이 찾는 메뉴입니다."

③ "카페 라떼와 카푸치노 중 어떤 게 맛있어요?
- "네, 부드러운 커피는 카페 라떼이구요. 카푸치노는 풍부한 거품에 계피 향이 향긋합니다."
- "네. 두 가지 커피 모두 저희 매장의 자랑이지만, 여성분들은 카페 라떼를 즐기십니다."

3) 코로나, 광우병, 구제역 등이 두려워 "괜찮나요?" 라고 묻는 경우
- 주변 손님의 영향을 생각해서라도 자신 있게 답변을 한다.
- "물론입니다. 절대로 안심하셔도 좋습니다."
- "저희 점포에서는 손님의 건강과 보건 위생을 제일 목표로 삼고 있습니다."
- "조금도 염려하지 마십시오. 우리 매장에서는 위생에 만전을 기해서 안전합니다."

4) 주문을 좀처럼 결정하지 못할 때
① 첫 방문 손님
- "메뉴를 잘 보시고 좋아하시는 음식을 주문하여 주십시오."
- "저희 매장에서 제일 맛있는 것은 ○○○입니다. 어떠세요?"

② 단골손님
- 단골손님은 자신을 알고 있다는 것을 알려주면 만족감이 높아진다.
- "전에는 ○○○을 드셨는데 이번에도 같은 것을 드릴까요?"

- "저번에는 ○○○을 드셨죠? 이번에는 ○○○을 드셔보세요."

나. 메뉴 주문 내용을 확인 후 메뉴판을 수거한다.

① 메뉴 주문 접수 시 메뉴 품목마다 주문 내용을 주문장에 적는다.
② "주문 내용을 다시 확인하겠습니다."
- 손님이 주문한 메뉴에 대해서 따라서 말해 정확히 주문받았는지 확인한다.
③ "손님, 메뉴판을 치우겠습니다."

7 메뉴 서빙 시 고객 응대 요령

가. 메뉴의 서빙 시

- "실례합니다. 주문하신 메뉴가 나왔습니다."
- "○○는 어느 분이십니까?"

① 손님의 테이블 30~50cm 앞에 서서 메뉴를 서빙한다.
② 메뉴 서빙은 손님의 왼쪽에서 실시한다.
③ 수프 등을 마시는 메뉴는 손님의 우측, 요리 메뉴는 손님의 좌측에 놓는 것이 원칙이다.
④ 메뉴 서빙 시 손님의 머리 위 또는 손님의 등 뒤에서 제공하는 일이 없도록 한다.

나. 메뉴 서빙 순서

① 손님 접대의 경우 : 모시고 온 손님부터 먼저 서빙(VIP 최우선)
② 직장 동료의 경우 : 상사부터 먼저 서빙(직위 최우선)
③ 남.여 손님의 경우 : 여성 고객부터 먼저 서빙(여성 최우선)
④ 가족 손님의 경우 : 어린이 고객 → 어머니 → 아버지 순으로 서빙
⑤ 다양한 손님의 경우 : 연장자부터 서빙(연장자 최우선)

다. 추가 주문을 받는다.

추가 주문은 고객이 무엇을 필요로 하고 있는가를 잘 이해하고 거기에 맞는 상품을 권유하여 판매하는 것이다.

① 주문하려고 망설이고 있는 고객에게는 가깝게 접근해서 도와준다.
- 권장 메뉴이거나 세트 메뉴가 중심이지만, 고객에 대한 상황 판단 여부에 따라 적합한 가격대를 권유한다.
- 특히 망설이는 고객에게는 메뉴별 상품 특성(세일즈 포인트)을 잘 설명하여 점포 이미지 홍보 효과를 극대화시켜야 한다.

② 주문 내용을 복창 .확인하면서 추가 주문의 기회를 만든다.
- 주문 내용의 복창은 추가 주문의 기회가 된다.
- 주문 내용을 복창.확인함으로써 주문 상품의 누락을 방지하고 추가 주문의 마음이 일어나도록 하는 것이다.

③ 성급하게 주문하고, 요구하는 고객에게는 그 템포와 리듬에 맞추어 추가 주문을 유도한다.
- 타이밍을 맞추어 "예, 우선 ○○하고 즉시 메뉴판을 가지고 오겠습니다."

④ 추가 주문은 타이밍이 중요하다.
- 추가 주문은 최초 주문보다는 기술적으로 간단하다. 성공적으로 추가 주문 받기 위해서는 타이밍을 잘 알아야 한다.
- 식사를 마치려는 고객으로부터 주류나 기타 음식의 추가 주문은 극히 순간적

으로 이루어지기 때문에 추가 주문의 타이밍 포착 동작 등을 사전 역할 연기를 통하여 훈련시킨다.

라. 식사 종료 후 테이블 및 집기류를 치운다.

① 식사를 거의 마친 상태이거나 빈 그릇 등이 있을 경우
- "실례합니다. 손님, 빈 그릇을 치워 드릴까요?" 라고 하며 식기를 치운다.

② 빈 그릇을 치울 때는 윗분 고객, 여성 고객의 것부터 먼저 실시하며, 고객의 오른쪽에서 시계 방향으로 돌며 실시한다.

③ 음식이 남아 있는 경우
식사 종료 여부를 고객에게 반드시 확인하고 치우도록 한다.
"손님, 식사를 다 하셨습니까? 빈 그릇을 치워도 될까요?"

④ 식기를 치울 때는 큰소리가 나지 않도록 주의하고, 고객이 보는 앞에서 식기를 겹쳐 올리거나 잔반을 처리하는 일이 없도록 한다.

⑤ 고객이 식사를 마치고 테이블을 떠나면 다음 고객을 안내할 수 있도록 즉시 테이블을 정리한다. 정리.정돈을 빨리하려고 너무 서두르거나 주변 고객들로부터 불안감을 갖게 해서는 안 된다.

⑥ 테이블 및 주변의 청소.정리 정돈한다.
- 청결한 행주를 사용하여 테이블을 청소한다.
- 테이블 위의 음식 찌꺼기를 테이블 중앙으로 모은다.
- 테이블은 나뭇결 방향으로 닦는다.
- 테이블 밑의 상태를 체크한다.
- 고객이 사용하고 난 물수건으로 테이블을 닦아서는 안 된다.

8 계산 시 고객 응대 요령

① 점포를 이용하는 고객은 아무리 점포가 깨끗하고 상품이 훌륭하고 서비스가 좋아도 카운터에서 계산 시간이 오래 걸리거나 계산이 정확하지 않아 불쾌한 기분을 갖고 떠나게 된다.
② 계산 과정은 신속하고 정확하게 이루어질 수 있도록 철저하게 훈련되어야 한다.
③ 계산 과정 중에 고객과의 대화를 통해 상품의 품질 상태나 서비스에 대한 만족도 등을 수시로 체크할 수 있도록 하여야 한다.
④ 테이블 번호를 확인하고, POS 단말기를 작동한다. 이것은 고객의 최종 확인 및 계산 담당자의 정확한 작업을 위한 필수 과정이다.
⑤ 계산 과정 중 자기앞수표로 계산 시는 매장의 규칙에 따라 행한다.
⑥ 현금 계산 시는 수령 금액 및 거스름돈 금액을 반드시 고객에게 알려 주고, 거스름돈은 직접 고객에게 전달한다.
⑦ 발행되는 영수증은 고객에게 전달하고, 서비스의 최종 마무리로써 정중한 배웅 인사를 한다. 고객을 정중히 배웅하는 자세는 곧 단골 고객에 대한 재창조의 작업임을 알아야 한다.
  • "감사합니다. 또 들러 주십시오.",. "감사합니다. 안녕히 가십시오."
⑧ 고객을 배웅한다.
  • 감사와 다시 찾아주기를 기대하는 마음으로 인사한다.

- "대단히 감사합니다. 다시 찾아주시면 고맙겠습니다."
- "저희 매장을 이용해 주서서 대단히 감사합니다."
- "감사합니다. 안녕히 가십시오.

9 손님의 잘못에 대한 응대 방법

가. 스푼을 떨어뜨렸을 때

① 응대 요령
- "괜찮습니다. 곧 다른 것으로 바꿔드리겠습니다."
- "염려 마세요. 곧 새것으로 바꿔드리겠습니다."
- 손님의 심적 부담을 덜어 드리도록 한다.
- 우선 새것을 드린 후 바닥에 떨어뜨린 스푼을 집는다.

② 삼가해야 할 응대
- "떨어뜨린 곳이 어디죠?"하며 찾는다.
- 불쾌한 기색을 내비친다.

나. 손님의 실수로 식탁에 음식이 쏟아졌을 때

① 응대 요령
- 침착한 동작으로 손님을 안정시킨다.
- "손님. 염려하지 마세요. 곧 닦아 드리겠습니다. 잠깐만 기다려주세요."
- 아직 먹지 않는 상태에서 엎질렀을 때는 실망하고 있는 손님에게는 "손님 다시

만들어 드릴게요."

② 유의 사항
- 손님의 옷에 음료가 젖지 않도록 주의할 것.
- 쟁반이나 테이블에 물이 묻으면 미끄러지기 쉬우므로 잘 닦아줄 것.

③ 삼가해야 할 응대
- "손님이 잘못하셨으니깐 어쩔 수 없죠."

10 매장에서의 불만 응대 요령

가. 메뉴가 주문대로 나오지 않았을 때

① 응대 요령
- "죄송합니다. 잠시만 기다려주세요. 확인해 보겠습니다. 저희들의 실수였습니다. 다시 만들어 드리겠습니다."(메뉴 만드는 직원에게 다시 메뉴를 만들도록 한다.)
- 설사 손님의 실수라 하더라도 계산원인 책임을 지는 태도가 바람직하다.
- 메뉴 제작을 요청할 때 손님의 요구사항을 잘 기입한다.

② 삼가해야 할 응대
- "손님이 언제 그런 말씀을 하셨어요?"
- "그냥 드시면 안 될까요?"
- 직원 상호 간의 얼굴을 붉힌다.
- 손님에게 기분 나쁜 표정을 짓는다.

나. 가격이 올랐다고 불만을 표시할 때

① 응대 요령

- "네. 죄송합니다. 얼마 전 물가 인상이 있어 가격을 그렇게 결정하였습니다. 앞으로도 잘 부탁드립니다."
- "말씀드리기 죄송하지만 재료 값이 많이 상승해서요."
- "재료 값이 올랐다고 해서 맛을 떨어뜨린다거나 양을 적게 할 수 없어서 결국 값을 올리게 되었습니다. 죄송합니다."
- 가격을 손님 눈에 잘 띄는 곳에 게시한다.

② 삼가해야 할 응대
- "다른 집도 다 올랐어요."
- "전 모르겠는데요"
- "저희는 시키는 대로 할 뿐이에요."

다. 컵에 이물질이 묻어 항의가 있을 때

① 응대 요령
- "죄송합니다. 다른 것으로 바꿔드리겠습니다."
- "정말로 죄송합니다. 큰 실수를 저질렀습니다."
- 정중히 허리 숙여 사과한다.
- 컵을 사전에 철저히 검사한다.

② 삼가해야 할 응대
- "몰랐어요."
- "그냥 드셔도 될거 같아요"

라. 반찬이 떨어졌다고 할 때

① 응대 요령
- "정말 죄송합니다. 잠시만 기다려 주세요.
- "소홀히 대한 점 죄송합니다. 곧 가져다드릴게요."
- 변명은 필요하지 않다.
- 시럽 병과 설탕은 수시로 점검하여 즉각 보충한다.

② 삼가해야 할 응대
- "몰랐어요."
- "그냥 드셔도 될거 같아요"

11 매장 서비스 수준 유지 관리

매장의 서비스 질을 높이기 위해서는 매장에서 이루어지는 서비스의 질을 매일 점검하고 평가하는 것이다. 서비스 수준의 점검과 평가를 통해서 부족한 부분이 생기면 부족한 부분만 서비스 질을 높이면 서비스 수준은 향상된다.

매장 서비스의 수준을 평가하고 유지하기 위해서는 다음의 평가지를 가지고 직원별로 평가를 한다. 평가지는 부록으로 제공하였으니 현장에서 복사해서 사용할 수 있다.

〈표 6-3〉 서비스 수준 평가

구분	서비스 내용	행동 포인트	응대 기준표				
			매우 부족	부족	보통	우수	매우 우수
서비스. 1	고객에게 인사	태도					
		몸짓대화					
		어조					
		재치					
		호칭					
		주의력					
		안내					
		문제해결					

제7장

손실을 줄이는 재고관리

1 재고관리의 정의와 필요성

재고(inventory)란 메뉴와 서비스를 생산 및 판매하기 위해 일정한 장소에 저장해 둔 물품을 의미한다. 창고에 보관 중인 물품이란 뜻으로 재고자산에는 식자재나 양념, 만들던 반제품, 아직 팔리지 않은 완제품, 그 밖의 소모품 등이 포함된다. 어떤 메뉴를 생산하는 제조 회사는 기술, 인력, 기계, 원자재, 완제품 및 운영 자본까지 재고로 취급할 수 있으며 농민은 추수하지 않은 곡물, 기술 용역 회사는 전문 기술을 재고로 가질 수 있다.

재고는 모든 기업 활동에서 발생하는 공통적인 문제이다. 특히, 음식점에서는 만들던 반제품, 아직 팔리지 않은 완제품, 식자재 재고의 문제가 발생하게 되는데, 이것은 생산계획 및 판매 계획과 직접적으로 연관되는 문제이기 때문에 재고를 관리해야 한다.

가. 재고관리의 정의

재고관리란 수요에 신속하고 경제적으로 적응할 수 있도록 재고를 최적 상태로 관리하는 절차를 말한다. 재고관리는 음식점의 일상관리에서 중요한 역할을 하고 있고 기업의 이익 수준에 미치는 영향이 크다. 식자재 저장고의 입고와 출고 품목과 수량은 전표를 통해서 파악할 수 있으며, 현물과 재고 품목과 수량이 일치하도록 관리해야 한다.

공급받은 식자재는 모두 전표로 처리해야 하며, 재고관리에 소홀히 하거나 태만할 경우 식자재 수불부(식자재의 입출고 내역을 정리한 서식) 상의 품목 및 수량과 주방에서 사용한 품목 및 수량이 일치하지 않는 경우가 종종 발생할 수 있다. 재고관리는 단순히 수·발주를 위한 재고 통제의 개념뿐만 아니라 재고 수량의 최적화를 통해서 적정 재고를 유지하여 점포의 수익 구조를 향상시킨다.

  시장의 메뉴 수요 동향에 신속하게 적응할 수 있는 생산체제를 갖추고 재고량을 경제적 관점에서 가능한 한 최저로 유지하는 것이 바람직한 재고관리이다.

나. 재고관리의 기능

① 수요와 공급 간에 예상치 못했던 불규칙적인 변동이 발생하여 생산계획에 차질이 빚어지는 경우 이를 조정하는 역할을 한다.

② 생산 활동과 판매 활동이 순조롭게 진행되도록 해주고, 간혹 가격변동으로 인한 이익을 얻기 위해서 사용되기도 한다.

③ 수요와 공급 간의 불균형을 조절할 수 있으며 재고 부족 또는 납기 지연 등으로 인한 손실을 감소시킬 수 있다.

과잉재고는 자본을 사용하지 않고 묵히는 것을 의미하게 되어 자본비용의 발생요인이 된다.

④ 부족재고는 시장수요를 충족시키지 못함으로써 판매이익을 감소시키는 결과를 초래하게 된다.

다. 재고의 종류

재고의 종류는 다음과 같다.

1) 안전재고

수요변화의 불확실성에 대비하여 추가적으로 보유하는 재고로서 평균 수요량 이상 보유하는 재고이다.

2) 비축재고

수요가 계절에 따라 변동하거나 원자재 가격상승 등 예상될 때를 대비하여 미리 확보하는 재고이다.

3) 주기재고

재고를 필요할 때마다 구매하는 것이 아니라 주문 비용을 줄이거나 가격 할인을 받기 위하여 일정량씩 주문함으로써 다음의 재고 구매가 이루어질 때까지의 순환 기간 동안에 미사용되어 보관하는 재고를 의미한다.

4) 수송 중 재고

공장에서 물류센터, 물류센터에서 대리점, 대리점에서 소비자 등으로 이동 중인재고이다.

5) 과잉재고

과잉재고가 생기면 이를 보관하고, 운용하고, 운반하고, 관리하는 데 낭비가 발생한다. 재고를 과다하게 사용하여 원재료비가 높아져서 수익률이 하락한다. 과잉재고가 생기는 이유는 정해진 규정대로 꼼꼼히 관리하지 않기 때문이다.

재고는 생산과 판매의 완충 역할을 하는 것으로서 이것을 어떻게 효율적이고 합리적으로 관리하느냐 하는 것은 매우 중요하고도 어려운 문제라고 할 수 있다.

2 기초 재고량과 적정 재고량

가. 기초 재고량

음식점의 영업을 시작하기 위해 필요한 기초적인 재고를 말한다. 음식점을 운용하기 위해서는 고정 자산, 비품 및 사무용품, 소모품, 식자재 등 크게 네 가지 자산을 가지고 있어야 한다.

〈표 7-1〉 기초 재고량

자산 유형	정의	품명	재고 조사	비고
고정자산	1년 이상 회사에 존재하는 것으로, 기계와 같이 금액이 크고 당연히 관리해야 하는 것이다.	기계, 쇼케이스, 냉장 냉동고, 컴퓨터, 포스, 주방 설비 등	매월	감가상각 대상, 노후 정도 확인
비품 및 사무용품	원자재나 판매를 위해 구입하는 물품 외의 모든 것을 말한다.	청소 도구, 문구 용품, 인쇄물, 복사지, 전산 소모품 등	매월	감가상각에서 제외, 구매 시기 파악
소모품	판매를 위해 구입하는 것으로, 원가에 반영되는 것이다.	빨대, 냅킨, 기계 소모품 등	일간/주간	재고 발주 확인
식자재	매장의 원재료로 사용되는 것으로, 입고될 때마다 유통기한, 단가의 변동이 있을 수 있으므로 꼼꼼히 체크해야 한다.	야채, 고기류, 식음료 등	매일/타임별	재고 발주와 식재료의 상태 확인

커피 머신 등의 고정 자산과 비품 및 사무용품 외에 소모품과 식음료 재료는 기초 재고량, 적정 재고량을 산정하여 가지고 있는 것이 좋다.

나. 적정 재고량

효율적이고 계속적인 판매 활동을 위해 필요한 재고를 말한다. 재고 보유량을 최적화하여 필요한 수량만큼 구비하면 공간 활용을 최적화할 수 있고, 상품과 메뉴의 품질 또한 최상으로 유지할 수 있으며, 재고 또한 원활히 회전될 수 있다. 일반적으로 음식점들은 평균 재고량의 1.5배를 보유한다. 이것은 메뉴의 특성과 유통기한 등에 따라 다르기는 하지만 여유 있게 재고를 가지는 이유는 예상치 못한 매출에 대한 대처, 공급과 배송 상의 문제에 대한 안전 대비책, 가격 인상에 따른 보유 등을 이유로 하고 있다.

유통기한과 소비량을 고려하여 최적화된 주문 시기와 최소한의 재고량을 산정한 적정 재고량을 바탕으로 발주하면, 대량 주문 시 비용 절감, 재고 운반·정리에 드는 시간과 인건비 절약 등을 할 수 있다. 매장 운영 관리자는 매장에서 사용하는 상품과 메뉴에 대하여 다음을 리스트하고 있어야 한다.

- 매장 품목의 적정 재고량과 최소 보유량
- 매장 품목의 유통기한과 가격
- 매장 품목의 가격 변동 사항
- 거래처의 발주와 배송 시기
- 재고관리에 필요한 제반 사항들과 유지비용

3 재고관리를 정확히 하기 위한 수요 예측

수요 예측(demand forecasting)은 음식점의 산출물인 물품이나 서비스에 대한 미래의 시장수요, 즉, 수량, 시기, 품질, 장소 등을 추정하는 과정이다.

시장수요는 수요와 공급 관계에서 시작되지만, 경제, 기술, 사회, 환경의 변화와 깊은 관련이 있다. 이들은 수요를 예측할 때 고려해야 요소들이다. 시장 장래의 수요, 시장변화에 관한 모든 정보를 수집하고 분석하여 수요 예측 내지 판매예측을 해서 재고를 관리해야 한다.

가. 수요 예측의 중요성

수요 예측의 중요성은 다음과 같다.

① 정확성이 높은 수요 예측은 재고를 최적화하고 수요와 공급의 균형을 맞출 수 있다. 그리고 음식점 운영에 많은 비용을 절감하게 해주고 수익을 극대화할 수 있다.

② 재고 부족을 감소시킨다. 재고 부족은 고객의 주문을 해도 상품을 제공할 수 없기 때문에 고객 이탈을 초래하고 고객 서비스 수준도 떨어질 수 있다. 양호한 수요 예측은 재고 부족 현상을 되도록 방지하고 동시에 고객의 만족도를 높일 수 있다.

③ 수요 예측에 따라 다음 분기의 생산계획과 주문계획을 합리적으로 안배할 수 있다. 수요 예측을 통해 생산 능력을 계산하여 노동력 고용 등이 필요한지 결정할

수 있다. 그리고 수요 예측의 수치에 따라 주문의 시기와 수량을 확인할 수 있다.
④ 재고비용을 줄인다. 정확한 수요 예측은 재고를 줄일 수 있고 재고관리의 수준을 높이며 자금회전율을 높인다.

나. 수요 예측 방법

정성적 예측법, 시계열 분석법, 인과형 예측법의 3가지로 구분한다.

1) 정성적 예측법(qualitative method)

개인의 주관이나 판단 또는 여러 사람의 의견에 입각하여 수요를 예측하는 방법으로서 주로 과거의 자료가 충분치 않은 경우나 신뢰할 수 없는 경우에 특히 유용하다. 정성적 예측기법은 직관력에 의한 예측, 의견조사에 의한 예측, 유추에 의한 예측이다.

2) 시계열 분석법(time series analysis)

경기 변동이나 계절과 같은 시계열에 의해서 수요를 예측하는 방법으로, 계절에 따른 수요의 변화나 경기 변동에 따른 수요의 변화를 예측하는 것을 말한다.

3) 인과형 예측법(causal forecasting method)

수요는 환경요인이나 어떤 요인과 관계가 있다는 가정하에 수학적으로 인과관계를 나타내는 인과 모델을 만들어 수요를 예측하는 방법이다.

4 재고관리 과정

가. 재고량 조사

재고관리를 위해서는 정기적으로 재고량을 점검해야 한다. 점포의 규모와 식자재의 종류와 수량에 따라 다르기는 하지만 일반적으로 1일 재고 조사, 주간 재고 조사, 월간 재고 조사로 구분할 수 있다.

1) 1일 재고 조사

가장 기본적이며 중요한 재고 조사로 하루 영업을 마감하는 시점에서 당일 사용한 품목 및 수량과 남아 있는 품목 및 수량을 파악하는 지속적이고 반복적인 업무이다.

2) 주간 재고 조사

1주마다 사용 원료와 얼마나 남아 있는지 주말에 재고 조사를 실시한다.

3) 월간 재고 조사

1개월마다 사용 원료와 얼마나 남아 있는지 월말에 재고 조사를 실시한다.

나. 재고량 수정

정확한 원가 산출을 위해서는 월 단위로 재고 조사한 결과를 가지고 재고량을 조정한다. 분기별로는 기초, 기말 재고량을 조정하여 원가 계산 기간 중에 실제 식재료비로 지출된 비용을 산정한다.

다. 발주
재고량 수정을 통해서 부족한 자재에 대해서는 발주한다.

5 발주의 정의와 종류

가. 정의

설비, 작업 능력, 비용 효과 등을 고려하여 가공품, 반가공품, 신선 농축수산물 등 식자재를 어떤 형태로 구매할 것인가를 결정한다. 메뉴의 주기 및 계절성 등을 고려하여 계약 기간을 설정하고 보관 시설 및 식재료의 유통 기간을 고려하여 발주 방법 및 운송 조건 등을 결정한다.

나. 발주 방법

발주 방법은 정량 발주, 정기 발주, 혼합형이 있다.

1) 정량 발주

재고량은 소비량이 감소함에 따라 규정된 일정 수량에 도달하면 일정량을 발주하도록 설정된 경제적 주문량으로 산정된다. 규정된 수량을 발주량이라고 하며, 발주에서 납품까지의 기간 동안 소비를 보장한다는 뜻이기도 하다.

수요와 공급 기간이 확실한 경우에는 예상 발주 수량과 실제 수요량이 유사하게 되지만 수요와 공급 기간이 변동이 있는 경우에는 완충 재고 개념의 안전 재고를 확보하여야 한다. 안전 재고는 점포의 품질 비용을 감소시키지만 운영 비용은 증가시킨다.

2) 정기 발주

정기 발주는 정량 발주와 더불어 상비품에 대한 재고관리 형식이다. 정량 발주는 다품목 소량을 대상으로 하지만, 정기 발주는 종류가 적어 중요 품목을 대상으로 하고 발주 수량이 공급 기간에 따라 변하고 공급 주기가 일정하다.

3) 절충형

정량 발주와 정기 발주를 혼합해서 사용한다. 적은 재고 기록과 재고 투자가 적으나 계산이 복잡하고 안전 재고가 높다.

〈표 7-2〉 발주 방법

	정량 발주	정기 발주	절충형
적용품목	단가 및 중요도가 높지 않은 B등급 품목 수요 변동 폭이 작은 품목	단가 및 중요도가 높은 A등급 품목 수요는 계속 있으나 수요 변동 폭이 큰 품목	A급 또는 B급
장점	재고 투자가 적고 반복 발주를 피할 수 있음	재고 보충이 정기적으로 계획되므로 재고 기록을 적게 요구	적은 재고 기록과 재고 투자가 적음
단점	일괄 구매가 어려워 주문 비용이 높고 포장, 발송 비용 발생	안전 재고 과다, 정기 재고 조사 비용 발생	계산이 복잡하고 안전 재고가 높음

다. 발주 기간에 따른 발주 방법

1) 수시 발주

각각의 식자재를 발주 의뢰서에 따라 필요할 때마다 수시로 발주한다.

2) 장기 계약 발주

쌀이나 식용유처럼 지속적으로 필요한 품목일 경우 장기적으로 계약을 체결하고 일정 기간마다 일정량씩 납품을 받는다.

3) 위탁 발주

구입하고자 하는 식자재의 종류가 다양하고 소량일 경우 구입 단가를 명백히 책정하여 특정 공급 업체에게 일괄적으로 구매한다.

라. 발주 주체에 따른 방법

① 중앙 발주 : 발주 담당 부서에서 발주한다.
② 비중앙 발주 : 관련 부서나 유관 팀에서 독자적으로 발주한다.
③ 공동 발주 : 소규모의 영업점끼리 모여서 공동으로 발주한다.

6 발주 순서

가. 발주량 결정

① 식자재의 필요 수량과 종류는 당일 내방 고객의 수와 제공되는 음식에 따라 결정하고 음식의 표준 레시피로 인원당 필요량을 산출한다.
② 이전의 판매 기록 또는 고객 수를 근거로 소요량을 예측하고 결정한다.
③ 적절치 못한 식자재의 구입은 음식의 질은 물론 점포 경영을 어렵게 만드는 중요한 원인으로 작용한다.

발주량을 결정할 때 고려할 사항은 다음과 같다.
① 발주 필요 시기를 판단한다.
② 가격의 변동 상태를 확인하여 저렴하게 발주한다.
③ 창고의 가용 용적을 계산하여 적정하게 발주한다.
④ 식자재 보관 기간을 파악하여 발주한다.
⑤ 재고 상태를 파악하여 발주한다.
⑥ 최소 주문 단위를 결정한다.

나. 발주 의뢰

① 제공할 음식이 확정된 후 그 음식에 따라 식자재의 품목과 수량을 정확히 산출

하고 발주하기 위해서는 식자재 구매 명세서를 작성한다.

② 구매 담당 부서가 별도로 없을 때는 점포의 점장이나 관리자가 발주에 따른 구매 업무를 수행해야 하므로 직접 구매 명세서를 납품 업체에게 발송하거나 전화로 발주해야 한다.

③ 구매 명세서는 식자재 구입에 대한 지침 및 기준이 되며, 입고 시 품질 검사를 위한 기본 서류로 활용된다.

④ 구매 명세서는 사전에 테스트를 거쳐 납품업체에서 가장 적합한 재료의 종류와 품질 및 수량에 대한 결정을 내린 다음 명세서를 작성하도록 한다.

〈표 7-3〉 식자재 구매 명세서

식자재 구매 명세서 구입일자 :						점주	사장
순번	품명	규격	단위	수량	예상단가	비고	
1							
2							
3							
4							

다. 납품업체 선정

납품업체 간 선의의 경쟁을 유도하기 위해 두 개 이상의 업체로부터 견적을 받을 필요가 있다. 식자재의 단가를 최종적으로 확정하기 전에 사전에 다른 곳의 식자재 단가, 물가 동향 등을 시장 조사를 통해서 파악한 후에 납품업체의 견적 가격이 타당한지 검토해야 한다.

공급업체를 선정하는 기준은 다음과 같다.
① 단가와 기준에 적합한 식자재를 공급하고 납품 기일을 엄수하는 신용 거래업체
② 식품위생법 시행령을 준수하는 적법한 업체
③ 개선 요구사항이나 메뉴 정보에 대해 신속하게 대응하는 업체
④ 합적법이고 건전하며 신뢰성 있다고 업계에 평판이 있는 업체
⑤ 식자재의 종류 및 규격에 적합한 공급 능력을 보유하고 있는 업체
⑥ 좋은 품질을 적정 가격에 납품하는 업체
⑦ 지정 일자에 납품 가능한 업체
⑧ 유통 과정과 위생 관리를 철저히 지키는 업체

라. 공급업체 계약 방법

1) 경쟁 입찰
공급 입찰 자격을 갖춘 희망자끼리 상호 경쟁을 통해 계약 체결에 대한 유리한 내용을 표시한 공급업체와 계약할 조건으로 각자의 견적가를 기입하도록 하는 방법으로 가장 적당한 조건을 제시한 공급업체를 낙찰자로 선정한다.
입찰을 위해서는 일정한 시간적 여유를 두고 공고해야 하며, 입찰 공고에는 품명, 수량, 입찰 장소, 입찰 일시, 납품 장소 및 시기, 보증금, 등록 마감일, 계약 조건, 품질 기술서, 입찰 조건 등을 명시하여야 한다.

2) 수의계약

경쟁을 통하지 않고 계약을 이행할 자격을 가진 업체와 계약을 체결하는 방법이다. 복수 및 단일 견적으로 구분하며, 일반 소규모 매장에서는 복수 견적을 통하여 가격과 품질을 비교하고 가장 계약 조건이 유리한 납품업체와 계약을 체결한다.

마. 식자재 단가 확정

경쟁 입찰의 경우 납품업체와 단가 계약이 함께 이루어지므로 납품업체 선정 시 견적가가 납품가가 되지만, 수의계약의 경우는 거래 실적, 견적가 등을 고려하여 납품업체를 선정한 후 일부 품목에 대해서는 식자재의 단가를 재조정할 수 있다. 식자재 단가를 확정할 때 다음을 고려한다.

① 판매자와 가격을 협상, 절충한다.
② 필수 품목에 대한 대체재를 검토한다.
③ 낮은 단가로 대체 가능한지 검토한다.
④ 제철 시기에 대량으로 구입 가능한지 확인한다.
⑤ 장기 저장 가능 품목일 경우 대량으로 구입한다.
⑥ 계약서의 단서 조항을 확인한다.
⑦ 중간 상인을 배제하고 제조업체 또는 생산자와 직거래 방법을 모색한다.
⑧ 할인율 및 할인 혜택을 확인한다.
⑨ 입고 시 현금 결제를 고려한다.

바. 발주 수량 산출

① 발주 수량은 예정된 메뉴의 1인당 순수 사용량에 예측하는 식수 인원을 곱한다. 비가식 부위처럼 폐기량이 발생하는 식자재는 이를 가산한다.

발주 수량 = (1인당 순수 사용량 / 가식률) × 100 × 예측 지수

② 발주 시에는 발주 수량을 사사오입하여 개략적으로 계산한 양으로 환산하며, 식자재의 유통 형태, 포장 규격, 포장 단위 등을 참고한다.
③ 폐기율은 일반적으로 가정에 비해 높게 되며 동일한 품목일지라도 계절별, 크기별, 절단 방법, 사용 설비 등에 따라 폐기율을 고려해야 한다.

사 식자재 발주

발주는 예정 메뉴를 기준으로 식자재를 납품 업체에게 주문하는 절차를 말한다.
① 대량으로 식자재를 취급하는 대형업체에서는 구매 부서가 직접 수주하여 발주 및 주문 비용을 최소화한다.
② 모든 발주는 일정한 양식을 갖춘 문서에 의하여 발주 절차가 진행되며, 통상적으로 구매 담당자가 구매 의뢰서에 품질, 규격, 납품 일자와 시간을 명확히 작성하여 구매 책임자의 서명을 받은 후 납품업자에게 발주한다.
③ 음식의 종류에 적합한 품질과 규격(선도, 품종, 크기, 규격 등)을 확인한 후 발주한다.
④ 납품업체에 팩스로 발주 전표를 전달하거나 직접 전달한다.
⑤ 전화로 발주 내용을 재확인한다.
⑥ 가공 식품과 신선 식품을 구분하여 발주 시간과 발주 시기를 결정한다.

7 검수

가. 정의

검수는 발주에 맞는 품질, 수량, 신선도, 위생 상태 및 단가와 일치하는지를 확인하는 것을 말한다. 검수의 목적은 주문에 의거하여 양질의 원재료를 올바르게 정확히 받으려는 것에 목적이 있다.

발주된 재료는 계약 조건과 계약에 따라 납품되어야 하지만 여러 가지 여건에 의해서 납품이 정상적으로 이루어지지 않는 경우가 있다. 따라서 납품업체가 납품한 식자재에 대해서 확실하게 검수해야 하며, 특별 주문이나 중요한 주문에 대하여 다시 한번 확인해서 납품에 이상이 없도록 해야 한다.

나. 검수원의 자질

검수를 담당하는 사람을 검수원이라 하며, 특별한 자격 조건은 없으나 재산 관리를 감안하여 정직하고 성실하고 신뢰할 수 있는 자여야 하며, 재정 보증이 확실하고 의지가 곧아야 하며, 가능한 구매자와 이해관계가 없어야 한다.

다. 검수원의 지식 요건

① 식자재 구매 명세서를 읽을 줄 알고 작성할 줄 알아야 한다.
② 식자재 시장 동향, 신메뉴, 가격 정보에 대한 지식을 갖추어야 한다.
③ 부정직한 납품하려는 상인의 의지를 퇴치할 줄 알아야 한다.
④ 도량 기기 조작법을 알아두어야 한다.
⑤ 음식의 조리 과정 및 특성 요인을 숙지해야 한다.
⑥ 식자재 보관 방법 및 납품 전표, 발주서, 견적서 및 검수 보고서의 작성에 관한 지식을 갖추어야 한다.

라. 검수 과정

검수할 때는 다음과 같이 진행한다.
① 검수 입고되는 식자재를 검수하는 검수 장소는 전처리 장소와 연결되도록 하고 이물과 물기를 제거한 후 보관 장소에 입고하고 검수에 필요한 도구를 준비한다.
② 구매품은 검수장에서만 인도되어야 하고, 식음료 물품에 대해 식음료 관리자와 협조하여야 한다.
③ 검수는 정해진 시간에 해야 하며 검수 시간을 분산시켜 정확한 검수가 되도록 한다. 검수 시간은 운송된 직후에 한다.
④ 검수 방법은 납품된 전 품목을 검사하는 방법으로 수량이 적거나 고가의 품목일 경우에는 전수 검수를 하며, 검수 항목이 많거나 대량 구입 품목에 대하여 대표성이 있고 편중되지 않도록 샘플을 발췌하여 발췌 검수를 한다.
⑤ 거래 명세표에 있는 내용과 실제 들어온 물품의 수량, 단가 및 품질이 적합하면 인수하고 부적합하면 반품 처리한다.

〈표 7-4〉 거래 명세표

거래 명세표(공급받는 자용)

공급받는자	상호(법인명)		귀하		공급자	등록번호			
	사업장 주소					상호(법인명)		성 명	
	전화번호					사업장 주소			
	합계금액					전화번호		팩스	

월	일	품 목	규격	수량	단가	공급가액	세액	비고

공급가액		세액		합계금액		미수금		검수자	

⑥ 검수 담당자는 구매 청구서의 사본에 따라 각 품목별 수량, 품질 및 단가를 점검하고 관능 검사나 외관 검사를 통해 식자재의 품질 상태를 평가한다.
일관성 있는 검수를 위하여 정확하게 기술된 식자재 품질 규격서가 작성되어야 한다.

⑦ 식자재의 운송 과정에서 적정 보관 온도와 상태를 유지하는 것이 식자재의 선도 유지에 영향을 미치게 되므로, 철저한 위생 관리와 정확한 온도, 시간을 고려하여 검수해야 한다.

마. 식자재 품질 규격서

식자재 품질 규격서에 포함되어야 할 내용은 다음과 같다.

① 식자재 품명, 단위, 특징, 크기, 제조사명, 포장 단위, 포장 형태, 유통기한, 보관 조건
② 식자재에 대한 설명(단위 수량, 숙성도, 산지 등)
③ 식자재에 대한 용도 및 기준 설명

8 입·출고 관리

가. 입고

① 입고된 식재료의 온도를 측정한다. 냉장 식품은 얼지 않아야 하며 0~10℃ 이하, 냉동식품은 영하 18℃ 이하여야 한다. ISO, 유기 가공, HACCP 등 품질, 위생, 식품 안전 등에 대한 인증 마크도 확인한다
② 저장 식품의 경우 반드시 입고 일자를 표시하고, 보관 창고에 1일 이상 보관할 물품에는 식별표를 부착하고, 포장품인 경우에는 포장지나 용기 표면에 식별을 위한 라벨을 부착한다.
③ 검수가 완료된 물품은 종류에 따라 분류하고 보관 창고나 냉장고, 냉동고 등에 선입선출과 후입선출의 원칙에 따라 정리하여 보관하거나 적절한 장소로 운반한다.
④ 검수가 끝나면 검수 일지와 재고 조사표를 작성한다.

〈표 7-5〉 검수 일지

검수 일지					점주	사장
일자 :						
순번	품명	규격	단위	수량	단가	상태
1						
2						
3						
4						
5						

〈표 7-6〉 식자재 재고 조사표

식자재 재고 조사표					점주	사장
일자 :						
순번	품명	규격	단위	재고량	출고량	상태
1						
2						
3						
4						
5						

⑤ 납품서는 구매 부서에서 발주 부서와 대조하고 점검하여 이상이 없으면 한 장은 대금 결제용으로 경리 부서에 전달하고 한 장은 발주서와 함께 보관한다.

나. 출고

① 물품 출고 청구서의 출고 수량을 확인한다.
② 출고는 선입선출을 원칙으로 한다.
③ 물품 청구서 내역대로 출고하고, 메뉴 수불부를 작성한다.
④ 재고 조사표를 작성하여 재고 수량을 확인한다.

〈표 7-7〉 물품 출고 청구서

물 품 출 고 청 구 서

No. _____

작성 부서명		청구 일자	년 월 일	출고지시	
				출고일자	
청구 사유				출 고 자	㊞
				인 수 자	㊞
번 호	품명 및 규격	단 위	수 량	단 가	금 액	비 고
계						

9 재고관리 대장철 작성하기

가. 유형별 구분

매장의 재고를 확인하고 관리할 물품이 확정되면 확정된 물품을 유형별로 구분한다.

1) 위치별 구분

① 전체 재고의 종류와 수량을 점검할 때는 빈 양식에 재고를 세는 위치별로 품목과 수량을 적는다.

② 전체 재고를 점검할 때는 빈 양식에 품명과 수량, 유통기한을 확인한 순서대로 적는 것이 시간을 절약할 수 있다.

2) 유형별 구분

① 입고되어 관리할 품목과 관리하지 않아도 될 품목을 구분하고 재고의 품목이 정해지면 유형별로 고정 자산, 소모품, 비품 및 사무용품, 식음료 재료 등으로 재고를 나눈다.

② 비품과 사무용품은 재고 수량의 과부족보다는 폐기, 신규 구입 유무만을 확인하고 관리하지 않아도 무방하다.

나. 각 물품별로 관리 대장을 작성

1) 고정 자산

① 고정 자산은 기계나 전자제품 등 사용 중 A/S가 발생할 수 있는 것으로, 제품의 상세 내역을 꼭 기재해 둔다.
② 품명은 브랜드를 포함한 제품 모델명을 적어 두는 것이 좋다.
③ 물품 기호는 위치별로 코드를 부여한다.
④ 내장, 주방, 홀 등 재고의 위치별로 코드를 부여하여 재고를 관리하면 나중에 재고 조사 또는 A/S를 받을 때 관리자가 없더라도 시간을 절약하여 업무를 할 수 있다
⑤ 구입 연월일/연락처/구입처를 함께 적어 둔다. 기계가 고장나면 A/S를 받아야 하므로 구입처의 연락처를 잊지 않고 적어 둔다.

2) 비품 및 사무용품

① 비품 및 사무용품은 파손, 수리, 폐기, 구입 등 재고 자산으로 매월 관리하지는 않지만 파손철, 구입 대장철 등의 서식이 필요한 경우도 있다.
② 비품 및 사무용품의 재고관리를 하면 비용을 줄일 수 있다.
③ 사무용품의 경우는 소모 속도가 빠르고, 비품의 경우는 파손, 재구입 시기까지는 수량의 변동이 거의 없다.
④ 근무 시간의 낭비를 막기 위해 비품이나 사무용품이 파손되거나, 구입해야 할 경우에만 증빙 서류를 작성한다(예. 파손·폐기철, 지출 결의서).

다. 관리 대장 점검

1) 고정 자산

① 고정 자산은 1년 이상 사용하는 것으로, 일반적인 회사에서는 기말 재고로서 관리한다.

② 커피 매장의 경우는 이 고정 자산에 식음료를 보관하고, 커피를 추출하기에 매월 고정 자산의 정상 작동과 파손 여부를 위해 점검해야 한다.

2) 소모품

① 테이크 아웃 관련 용기 등의 소모품은 매일 사용하는 것으로, 개수를 세기가 불편하지만 묶음 단위로 확인하여 적정 재고를 보유하고 있어야 한다.

② 종이컵, 냅킨 등의 경우는 묶음별로 번호를 써 놓고, 제일 큰 번호부터 사용하면 다음 재고 시에 다시 숫자를 세지 않아도 한눈에 알 수 있다.

10 POS를 이용한 재고관리

POS는 'Point Of Sales'의 약자로서, '판매시점 정보 관리'를 의미한다. 매장 관리 프로그램과 하드웨어를 지칭하는 것으로 컴퓨터에 POS 프로그램과 주변 장치(터치식 모니터, 금고, 영수증 프린터)로 구성된다. 프로그램은 크게 요식업, 유통 매장업, 배달전문업으로 나뉜다. 요식업은 주방 프린터 등이 옵션으로 추가되며, 유통 매장용은 고객 표시창과 바코드 스캐너, POS 키보드 등이 추가되고, 배달전문업은 CID(발신자 표시기)가 추가된다.

가. POS 시스템의 3요소

① POS 단말기(terminal) : 금전등록기 역할을 한다.
② 미들웨어(middle ware) : POS 단말기에서 발생된 데이터를 메인 서버에 전달하는 통신 부분이다.
③ 메인 서버(main server) : 전달된 데이터를 수집, 보관, 집계, 분석한다.

나. POS 시스템을 통한 재고관리 순서

① 입고 등록
② 입고 현황
③ 상품별 재고 현황
④ 재고 조사표
⑤ 마감

라. POS 시스템의 기능

〈표 7-8〉 POS 시스템의 기능

분야	항목	비고
매장	수작업 분류 및 집계 폐지	정산 이후 전산으로 자동 집계
	정산의 간소화	POS에서 현금 재고 및 전표 매수 입력 후 최종 입력표 출력
	전표 발행	POS에서 전표의 인증으로 신뢰도 향상 및 처리 속도 개선
	카드 관리	불량 고객 조회, 한도 초과 승인, 고객 서비스 개선
	효율적 재고관리	재고 상품 및 미입고 상품 신속 파악
관리	매출	매출 실적 자동 입력
	회계	전표 관리 및 매출 자동 집계
	영업 관리	재고의 신뢰성, 매출 동향의 신속 파악

11 메뉴별 적정 재고량 설정하기

가. 품목별 기초 재고량과 적정 재고량 산출

1) 매장의 메뉴와 상품의 기초 재고량을 확인한다.
   ① 오픈 매장의 경우 오픈 초도 물품이 곧 기초 재고량이 된다.
   ② 기존 매장의 경우 전월 재고량을 기초 재고량으로 한다.

2) 매입 대장철에서 메뉴와 상품의 입고 재고량을 확인한다.

3) 상품의 판매 재고량을 산출한다.
   상품의 경우는 POS에서 월 판매량을 확인한다.

4) 일 평균 재고량을 계산한다.
   ① 메뉴의 경우
   (기초 재고량 + 입고 재고량 - 현 재고량)/월의 일 수 = 일 평균 사용량

   ② 상품의 경우
   판매량/월의 일수 = 일 평균 판매량

5) 평균 재고량의 약 1.5~2배 정도를 적정 재고량으로 한다.

나. 품목의 적정 재고량표 작성

① 품명, 단위, 최소 재고, 적정 재고, 단가, 재고 금액, 업체명을 기재한다.
② 적정 재고량 표에 적정 재고와 함께 단가, 그리고 적정 재고를 유지하기 위한 총비용을 적어 둔다.

다. 재고 금액은 선입 선출법을 이용하여 산정한다.

① 1월 15일에 15개가 판매되었다고 할 때 1월 15일에 출고된 제품은 1월 1일 전월 이월된 수량 12개와 1월 5일에 입고된 제품 3개가 판매되었다고 가정함
- 1월 1일 전월 재고: 12개 × 15,000원 = 180,000원
- 1월 5일 입고 수량: 3개 × 18,000원 = 54,000원
- 1월 15일 출고 금액: 15개 × 15,600원 = 234,000원

② 1월 30일에 13개가 판매되었다고 할 때 1월 30일에 출고된 제품은 1월 5일 입고된 수량 3개와 1월 25일에 입고된 제품 중 10개가 판매되었다고 가정함
- 1월 5일 입고 수량 : 3개 × 18,000원 = 54,000원
- 1월 25일 입고 수량: 10개 × 15,000원 = 150,000원
- 1월 30일 출고 금액: 13개 × 15,692원 = 204,000원

③ 1월 30일 기말에 남게 되는 재고 수량은 1월 25일 입고된 수량 8개로 가정함
- 1월 30일 월말 재고 금액: 8개 × 15,000원 = 120,000원

12 식자재의 저장과 보관

가. 정의

    식자재는 음식을 만드는 데 사용되는 모든 재료를 통틀어 이르는 말이다. 식자재는 메뉴를 만들기 위한 기본 재료이며, 판매되는 메뉴의 가격 결정에 있어 가장 큰 부분을 차지하기 때문에 매우 중요하게 여겨지고 있다. 음식점은 메뉴를 생산하기 위해 식자재를 미리 구입해 저장해 놓아야 한다.

    제조업에 있어서 식자재비가 제조 원가 가운데 차지하는 비중은 20% 내지 90%에 이르고 있으며, 보통 70% 이상 차지할 정도로 중요시되고 있다. 음식점에서는 제조업보다는 비율이 낮지만, 메뉴의 원가 중 30% 이상 이르고 있으며, 인건비와 더불어 가장 큰 부분을 차지하고 있다.

나. 식자재의 특징

- 식자재는 일반 기업의 상품과는 달리 다품종 주문 생산을 한다.
- 정확한 수요 예측이 어렵다.
- 단시간 내에 많은 상품을 생산 판매해야 한다.
- 쉽게 상하고, 부패가 빠르다.

다. 식자재 보관 시 고려 사항

저장 공간의 효율적인 활용과 효과적인 입·출고 수행을 위하여 식자재의 유형별 보관 분류 체계를 설정하고 품목별로 일정한 장소에 위치하도록 관리하여야 한다.

① 능률적인 입·출고가 가능할 것
② 선입선출에 편리할 것
③ 메뉴의 소재 파악을 정확하게 할 수 있을 것
④ 공간을 합리적으로 사용할 수 있을 것
⑤ 재고 조사가 편리할 것
⑥ 배열에 융통성이 있을 것
⑦ 식별·검사가 용이할 것
⑧ 위험·재해를 고려할 것
⑨ 가치가 감소하고 품질이 변질되지 않도록 할 것

라. 저장 방법

1) 냉장 저장

① 냉장 시설의 온도는 5℃ 이하로 하고 상하기 쉬운 재료는 3℃ 전후로 유지한다.
② 온도계는 냉장고의 가장 따뜻한 곳 또는 출입문 앞쪽에 설치하고 5℃를 기준으로 상하로 1.5℃ 범위를 유지하도록 한다.
③ 창고형 냉장고의 선반은 청소가 용이한 금속성 자재를 이용하고 이동 조작이 쉽도록 설계된 것이어야 한다.

2) 냉동 저장

① 냉동 저장은 영하 18℃ 이하의 온도에서 저장하며 냉동 기간이 길어질수록 오

염 및 부패할 확률이 높아진다.
② 냉동실에 저장하는 식품은 보관 개시일을 표기하고 장기간 냉동실에 방치하지 않도록 한다.

3) 건조 저장
① 건조 저장은 상하지 않는 식품을 15~21℃, 습도 50~60%에서 장기간 저장하는 방법이다.
② 건조 저장 시 고려해야 할 사항은 적절한 환풍과 해충의 침입을 방지해야 한다. 건조 저장 원료들은 수분을 흡습하게 되면 본래의 맛과 향이 소실되고 변질할 우려가 높다.
③ 용기 뚜껑은 밀폐해야 하고 바닥에 직접 놓지 말고 벽과 바닥으로부터 일정 간격을 띄어 보관해야 한다.

4) 상온 저장
① 상온에서 식품을 보관할 때는 정해진 장소에 구분하여 보관하고 식품과 비식품을 각각 분리하여 보관하여야 한다.
② 선입선출이 용이해야 하고 식품 보관 선반은 바닥으로부터 15cm 이상 공간을 띄워 청소가 용이하도록 한다.
③ 대용량의 메뉴를 소량씩 나누어 보관할 때는 메뉴명과 유통기한을 반드시 표기하여 식재료의 오염과 변질을 방지하여야 한다.
④ 장마철 등 고온 다습한 환경에서는 곰팡이 번식을 주의해야 하며 유통기한이 짧은 식품부터 유통기한 표시 라벨이 잘 보이도록 보관하여야 한다.
⑤ 세척제 및 소독액 등 화학적 유해 물질은 별도의 전용 보관실에 격리 보관해야 한다.

마. 식자재 저장 방법

① 냉장, 냉동고는 적정 용량의 70% 이하로 보관한다.
② 냉장, 냉동고에 조리된 식품을 보관하는 경우에는 반드시 완벽하게 냉각한 후에 보관한다. 가열된 상태로 냉장, 냉동고에 보관하는 경우 냉장고 내부 온도가 상승하여 냉장 효율을 저하시킨다.
③ 냉장고에 식자재를 보관할 때는 교차 오염을 막기 위해서 선반의 상단에는 채소 및 과일류, 중간은 육류, 하단에는 생선 순으로 보관한다.
④ 냉장, 냉동고에 음식을 보관할 경우 교차 오염을 방지하기 위하여 덮개나 뚜껑이 있는 보관 용기를 사용하거나 투명한 위생 비닐을 덮어서 보관한다.
⑤ 입고 일자와 사용 일자를 표기하고 냉장고에 전일 입고분, 당일 입고분 또는 당일 사용분, 익일 사용분, 재고의 공간을 지정하여 누락에 의한 미사용의 경우를 방지하고 식자재 발주 시 증감량을 쉽게 파악할 수 있다.
⑥ 냉장고의 팬 하부에는 팬에서 물이 떨어져 오염될 수 있으므로 주의한다.
⑦ 냉동 식자재를 해동하는 경우 냉장실에서 해동하며 '해동 중'이라는 표시를 부착하거나 별도의 지정된 해동 장소를 이용한다.
⑧ 식자재는 냉장, 냉동고에 보관하기 전에 식품의 보관 방법을 확인하여 냉장 제품을 냉동고로 냉동 제품을 냉장실에 보관하지 않도록 한다.
⑨ 통조림은 개봉한 후에 산소와 접촉하여 쉽게 부식될 수 있고 냄새가 다른 식품으로 전이 될 수 있으므로 별도의 위생 보관 용기에 옮겨 담고 제품명, 유통기한 및 개봉 일자를 용기 외부에 부착한다.
⑩ 냉장고에 식자재를 보관하기 전에 외부에서 입고된 박스나 포장은 제거한다. 달걀의 경우 오염 물질이 껍질에 부착된 상태로 입고될 수 있으므로 다른 재료와 접촉하지 않도록 분리해서 보관하여야 한다.

바. 저장 관리 기준

① 당일 조리하는 식자재는 1~2시간 저장 관리한다.
② 신선 식품은 입고일부터 2~3일 저장 관리한다.
③ 냉동식품은 예상 판매 시기에 따라 1주일 정도 저장 관리한다.
④ 상온 식품은 1주, 2주, 월 단위로 저장 관리한다.
⑤ 품목에 따른 재고량은 재고 수량, 건조 정도, 포장 규격에 따라 저장한다.
⑥ 같은 유형의 식자재는 같은 장소에 배치하고 사용 빈도, 크기, 중량에 따라 정리한다.
⑦ 저장 창고마다 장부를 비치하여 매일 입고, 출고, 재고 사항을 기입하여 재고 조사 시 실제 현물 재고와 일치하는지 수시로 점검한다.
⑧ 저장고 내에 온도, 습도, 해충, 먼지 등을 관리한다.
⑨ 열쇠로 잠그거나 시건 장치를 하여 저장실 담당자별로 관리한다.

사. 선입선출 방법

입고 시 선입선출을 준수한다.
① 입고된 물품은 입고 일자를 입고 물품 포장에 기입하여 눈에 잘 띄도록 보관한다.
② 먼저 입고된 물품부터 먼저 사용한다.
③ 저장품의 입고 또는 보관 시 선입선출을 위해 먼저 입고된 물품을 전면에 배치한다.
④ 입고 후 다음과 같은 문제가 있는 물품은 반품한다.
  • 진공 포장이 풀린 훈제류는 반품한다.
  • 유통기한 이내인데 곰팡이가 생기거나 변색이 된 경우는 반품한다.

- 봉지가 부풀어 팽창한 경우는 반품한다. 단 검수 후 매장의 관리 부주의로 적정 온도에 보관하지 않은 제품은 제외한다.
- 유통기한이 지나서 받은 경우는 반품을 하나, 매장의 관리 잘못으로 인해 유통기한이 지난 경우는 제외한다.
- 캔류가 파괴되거나 내용물이 흐를 경우 제품 불량 및 배송 직원 부주의 시에는 당일 반품한다.

제8장

매출 증대를 위한 메뉴 관리

1 메뉴 상품

메뉴는 프랑스어로 음식점에서 판매하는 먹고 마시는 상품을 표로 적어 놓은 것을 말한다. 다시 말해서 판매상품의 이름과 가격 그리고 상품을 구입하는 데 필요한 조건과 정보를 기록한 차림표를 말한다.

메뉴 상품은 숙련된 서비스 종사자들에 의해 판매 가능한 음식이나 음료 및 과자류, 케이크류, 빙과류를 통틀어 식.음료 상품이라고 정의할 수 있다.

성공적인 음식점의 운영을 위해서는 성공적인 메뉴 상품이 전제적인 요건이 된다. 성공적인 메뉴 상품이 되기 위해서는 고객의 요구를 전적으로 수용하는 것이면서도, 업체의 수익에 공헌할 수 있는 방식으로 계획되어 지고 만들어져야 하기 때문이다. 따라서 메뉴 상품은 음식점의 성패를 좌우하며, 음식점의 성장과 발전에 절대적인 자리를 차지하고 있다고 할 수 있다.

가. 메뉴의 중요성

① 메뉴는 음식점의 이미지를 직접, 간접적으로 고객들에게 전달하는 매체로 충분한 영향력을 가지고 있다.
② 메뉴는 음식점의 이미지 형성에 중요한 역할을 담당하고 있다.
③ 메뉴는 단순히 품목과 가격을 설정하기 위해 존재하거나 또는 가격을 기록하는 데 그치는 것이 아니라, 고객과 영업장을 연결하여 판매 촉진을 통한 경영 목표의 모체가 된다.

나. 메뉴의 기능

① 직원과 고객은 메뉴를 매개로 하여 의사소통이 이루어진다.
② 메뉴는 마케팅 도구로서의 역할을 수행한다.
③ 고객은 메뉴를 통하여 식.음료 상품을 구매한다.
④ 메뉴는 고객과의 약속이라는 기대 가치를 준다.
⑤ 메뉴는 식당의 경영 방침과 전략이 담겨있다.
⑥ 메뉴는 서비스의 약점을 보강해 준다.
⑦ 메뉴는 단골 고객을 증가시키고 새로운 고객을 창출하여 매출을 증대시켜 준다.
⑧ 메뉴는 국민 보건 증진에 기여한다.
⑨ 메뉴는 일방적인 메뉴 제공에서 고객의 요구에 부응하는 방향으로 전환이 요구된다.

다. 메뉴의 종류

1) 정식요리 메뉴(따블 도트메뉴; table d'hote menu)

코스요리로 아이템과 가격이 일정하게 고정되어 있으며, 여러 가지 요리가 한꺼번에 제공되거나 순서대로 제공된다.

2) 일품요리 메뉴(알 라 가르트메뉴; a la carte menu)

제공되는 모든 아이템에 각각 다른 가격 설정되어있고, 원하는 아이템만을 고객이 선택하고, 선택한 아이템에 해당하는 금액만을 지불한다.

3) 혼합 메뉴(혼합한 콤비네이션 메뉴; combination menu)

일부분은 정식 요리 메뉴가 나오며, 고객이 원하는 일품요리 메뉴를 선택하여 원하는 요리를 제공한다.

2 메뉴 품질 관리

메뉴 품질은 음식의 객관적인 성질을 의미한다. 음식점에 있어서 메뉴는 메뉴 품질과 가격 품질을 결정하는 가장 기본 요소다. 메뉴 품질을 높이기 위하여 고객 개개인의 입맛에 맞는 메뉴를 개발하여 메뉴 차별화 전략을 전개해 나가는 것을 메뉴 품질 관리라 한다. 메뉴 품질에 대하여 만족한 소비자는 메뉴 선택에 있어서 우호적인 방향으로 결정하게 된다.

가. 메뉴 품질의 구성 요소

① 메뉴 품질을 결정하는 요소는 맛이 좋고, 수용성이 높으며, 먹고 싶도록 호소력이 있어야 하며 고객의 인지도도 고려되어야 한다.

② 메뉴 품질을 결정하는 요소는 관능적 품질 요소, 양적 품질 요소, 영양 위생적 품질 요소로 구분할 수 있다. 이들 세 요소는 어느 한 요소에 한정되지 않으며, 서로 깊은 상호 관계를 갖고 있다.

③ 일반적으로 식품의 관능적 품질 요소는 형태와 색, 풍미, 조직감으로 분류한다. 여기서 행태와 색은 시각적 요소이며, 풍미는 냄새와 맛을 포함하는 후각, 미각적 요소이고, 조직감은 치아의 저작 운동에 의하여 느껴지는 지감(旨甘; 맛이 좋음)과 촉감, 청각 등에 의하여 감지되는 요소들이다.

나. 메뉴 품질 관리의 중요성

음식점을 둘러싼 경영 환경이 급변하고 있고, 이러한 변화는 음식점 간 경쟁을 보다 심화시켰으며 업체로 하여금 새로운 환경에 적합한 전략을 강조하도록 만들었다. 이러한 상황에서 음식점 간의 경쟁을 헤쳐 나가기 위한 가장 중요한 변수로 자리 잡은 것 중의 하나가 메뉴 품질 관리라고 할 수 있다.

1) 메뉴 품질과 가격

일반적으로 메뉴의 품질을 향상시키기 위해서는 종업원들에 대한 품질 향상 교육을 시행해야 하고, 보다 비싼 원자재나 부품을 사용해야 하며, 더 높은 수준의 작업 지시서를 활용해야 하기 때문에 비용이 많이 든다. 비용의 증가는 당연히 원가를 높게 하기 때문에 메뉴의 가격이 비싸지게 된다.

2) 메뉴 품질과 시장 점유율

메뉴 품질이 좋은 메뉴일수록 더 많은 고객이 그 메뉴를 선호하게 된다. 그러나 만일 고품질 메뉴가 좋은 재료를 사용한 메뉴이거나, 뛰어난 맛을 가진 메뉴라면, 가격이 비싸지게 되기 때문에 매출량은 줄어들 것이다.

3) 메뉴 품질과 수익성

메뉴 품질을 향상시키면 원가의 증가로 인해 가격이 비싸질 수밖에는 없다. 따라서 가격이 비싸도 메뉴의 품질을 선택할 수 있는 소비자가 있는지를 확인하고 메뉴 품질을 향상해야 한다. 가격이 비싸도 구매하는 비율이 높아지면 수익성이 증가하지만. 가격에 대한 저항이 커서 구매하는 소비자가 없다면 수익성은 떨어지게 된다.

3 음식 디자인 연출

음식 디자인은 음식점에서 만든 음식을 원형대로 제공하는 것이 아니라 보기 좋고 먹음직스럽게 만든 것을 말한다. 조리 기술의 발달에 따라 음식의 맛은 상향되고 있으며, 음식의 맛을 가지고 경쟁하기는 힘들어졌다.

음식점에서는 메뉴 개발을 통하여 경영주는 레스토랑에서 최대의 이익을 창출할 수 있으며, 고객은 다양하고 새로운 메뉴 상품을 찾아 요구와 욕구를 충족시킬 수 있다. 메뉴는 음식점의 얼굴로써 고객을 확보하는 수단이 될 수 있으며, 다양한 메뉴를 제공함으로써 단골 고객을 확보할 수 있다. 따라서 메뉴는 시장의 세분화를 이끌어낼 수 있고 경쟁적 우위를 가져다 줄 수 있다. 이러한 이유로 음식의 맛은 기본이고 만들어진 음식을 가지고 먹고 싶은 마음이 들도록 만드는 음식 디자인이 증가하고 있다.

식품의 맛에 관여하는 요인에는 온도, 굳기, 점도 등 물리적인 조건뿐만 아니라 형태, 외관, 색상, 냄새 등에 따른 심리적인 면도 있다. 음식 디자인은 음식이 가진 형태, 외관, 색상, 냄새를 활용해 더욱 먹고 싶은 마음이 들도록 하는 목적을 가지고 있다.

음식 디자인에 대한 관심이 증가하면서 푸드 스타일리스트라는 직업도 생겨났다. 푸드 스타일리스트는 콘셉트와 대상에 맞게 식품의 재료, 식기를 잘 선택해야 하고 감각적인 음식 공간을 연출함과 동시에 분위기에 맞는 음식을 만들어 먹음직스럽게 보이도록 연출하는 사람을 말한다. 푸드 스타일은 주로 시각적 형태로 평가되므로 크기, 형태, 색상들이 연출에 중요한 요소가 된다.

푸드 스타일은 음식의 형태를 이루는 구성 요소들을 활용해서 더 아름답고 개성적인 작품들을 창조해 낸다. 조형은 음식의 색이나 형태의 조화, 강조, 균형, 리듬 등을 강조하여 더욱 먹고 싶은 아름다움을 더할 수 있다.

4 음식과 색의 관계

색은 사람들에게 음식의 맛 연상시키는 역할을 한다. 음식의 고유한 색과 그릇 색의 조화는 먹는 사람의 눈을 즐겁게 하고 식욕을 불러일으킨다. 고객 중에는 음식의 색을 보고 시식하기도 전에 그 맛의 느낌을 알아내기도 한다.

색에는 온도감이 있는데 빨강, 주황, 노랑, 연두, 녹색, 파랑, 하양 등의 순서로 파장이 긴 것은 따뜻한 색으로서 시각적으로 따뜻하게 느껴지며 식욕을 돋우는 역할을 한다. 보통 파장이 짧은 쪽인 연두, 녹색, 보라, 자주 등은 차갑게 느껴지며 신선한 느낌을 준다. 차가운 느낌은 때로는 식욕을 감퇴시키기도 하다.

음식과 색의 관계를 보면 다음과 같다.

① 자주색은 엄격하고 전통적인 느낌으로, 달콤함, 따뜻함, 진한 맛을 느끼게 한다.
② 주황색은 열정, 자극, 젊음을 느끼게 해주며, 식욕을 증진시키는 색으로 신맛을 느끼게도 한다. 이탈리아 음식점이나 패밀리 레스토랑에서 자주 쓰인다.
③ 노란색은 생생함, 명랑함, 힘찬 느낌을 주어 자양강장제나 영양 보조 식품에 자주 쓰인다.
④ 갈색은 맛이 깊고 진하고 향기롭다는 느낌을 주어 카레나 스튜, 커피, 초콜릿 등에 쓰인다.
⑤ 흰색은 엷은 맛, 깔끔함, 저칼로리 등의 이미지를 주므로 다이어트 식품 등에 이용된다.

⑥ 파란색은 하늘, 물, 바다의 색으로 차가움, 환상과 자유, 꿈과 젊음의 이미지를 갖고 있다.

⑦ 파란색은 상쾌함과 건강함, 밝고 활기찬 느낌을 주며, 차가운 느낌을 연상하게 한다. 냉동식품이나 간단한 음료수 표현에 적합하다.

⑧ 검은색은 어두움을 느끼게 하고 동시에 고귀함, 기품, 우아함을 느끼게 한다. 초콜릿이나 고급 요리에 종종 쓰이며, 쓴맛을 느끼게 하여 블랙 커피나 블랙 초콜릿, 흑맥주 등에 쓰인다.

⑨ 분홍색은 달콤한 느낌을 주어 케이크나 사탕 등 달콤한 과자에 쓰인다.

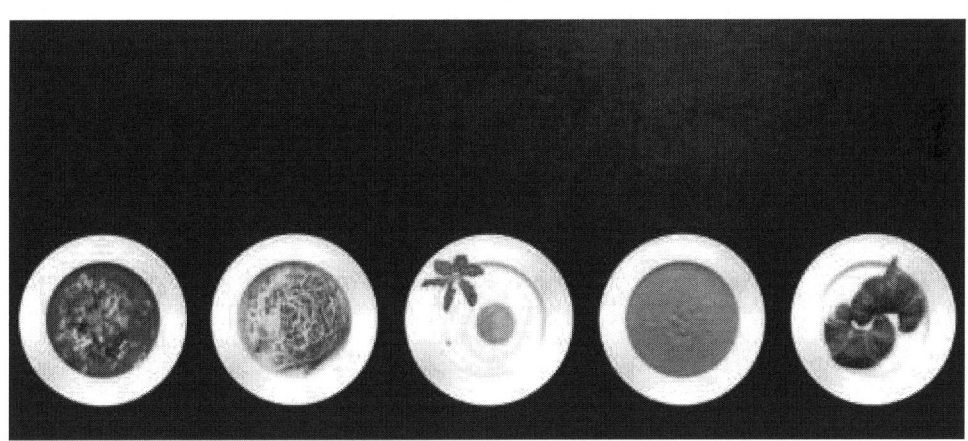

5 음식과 형태의 관계

보기 좋은 떡이 맛도 있다는 말이 있다. 따라서 음식을 그릇에 담을 때는 아무렇게나 담기보다는 보기 좋게 담는 것이 좋다. 보기 좋게 담기 위해서는 음식의 형태를 고려하면서 담아야 한다.

형태는 시각으로 받아들이게 되는 요소로서 밖으로 나타나는 모습, 즉 내용에 대응되는 외형과 형상을 의미한다. 음식의 형태는 고객으로 하여금 음식의 맛을 연상시키는 역할을 한다. 따라서 음식을 완성해서 고객의 식욕을 자극하도록 형태를 꾸미면서 그릇에 담아내면 음식에 대한 긍정적 이미지가 생긴다. 고객의 긍정적 이미지는 매출의 증가로 이어지고 이윤을 높일 수 있다.

그러나 음식의 형태로 인한 맛의 연상은 지극히 주관적이어서 사람마다 차이가 많기 때문에 모든 소비자에 적용되지는 않지만, 공통적으로 적용할 수 있는 형태에 대해서 알아두는 것이 좋다.

음식의 형태에 따라 느끼는 일반적인 맛의 연상은 다음과 같다.

① 곡선 형태 : 곡선은 부드러운 맛을 주며, 완성된 음식이 감미롭다는 미각 이미지를 만들어 준다.
② 부드러운 곡선 형태 : 달콤한 맛의 이미지를 준다.
③ 긴 곡선 형태 : 새콤한 맛의 이미지를 준다.
④ 가루 형태 : 음식이 맛이 있을 것이라는 이미지를 준다.
⑤ 직선 형태 : 시원한 맛의 이미지를 준다.

완성된 음식을 담을 때는 면, 선, 점, 순서로 그릇에 담아야 보기도 좋고 식욕을 자극하게 된다. 일반적으로 점이 모여 선이 되고, 선이 모여 면이 된다. 대체로 사람들의 시선은 면에서 점점 작아져서 선, 그리고 점으로 모아진다.

6 음식과 조리 공정

조리 공정이란 다양한 요리 중 어떤 특정한 하나의 결과물을 만들어 내기 위해 여러 재료를 투입하여 일정한 과정을 거치는 것이다. 조리 공정은 조리에 들어가는 식재료와 양념이 많을수록, 공정이 많을수록 레시피를 표준화하기 어렵다. 맛집의 특징은 조리 공정을 표준화했다는 것이다. 그래서 조리사가 바뀌거나 어떠한 상황에서도 똑같은 맛을 낸다는 것이다. 조리 공정의 표준화로 소문이 나서 프렌차이즈로 성공한 음식점이 많다. 따라서 음식점으로서 성공하기 위해서는 반드시 조리 공정을 표준화해야 한다.

가. 조리 공정의 종류

1) 주문 생산

고객의 주문에 따라 음식을 만드는 것을 말한다. 주문받고 나서 고객의 명세서에 따라 설계하고 생산하기 시작하기 때문에 재고로 보유하지는 않는다. 주문 생산은 고객의 주문에 의해서만 조리를 하기 때문에 재고의 부담이 없지만, 조리 시간이 많이 걸려 소수의 고객을 접객하는 업체에서 이용하는 생산 방식이다.

2) 계획 생산

계획에 의하여 음식을 만드는 것을 말한다. 미리 만들어 놓았기 때문에 재고로 보유하였다가 고객의 주문이 있으면 즉시 납품하게 된다. 계획 생산은 미리 만들어 놓기 때문에 주문하자마자 서빙이 가능하여 가장 빠르게 먹을 수 있으나, 고객이 만들어 놓은 메뉴보다 적으면 재고의 부담이 있다.

3) 조립 생산

중간 완성품을 미리 생산하여 재고로 보유히였다기 고객으로부티 주문이 있으면 고객 명세서에 따라 최종 제품을 생산하게 된다. 조립 생산은 조리 시간을 단축할 수 있어, 대수의 고객을 접객하는 업체에서 이용하는 생산 방식이다.

나. 조리 공정의 표준화

조리 공정의 표준화를 위해서는 다음과 같은 사항들을 고려해야 한다.
① 식자재의 가열 조리 시간 및 온도를 통일한다.
② 식자재의 크기와 두께를 통일한다.
③ 조리할 때 사용하는 식자재의 무게와 양을 통일한다.
④ 식자재를 조리할 때 조리 방법을 통일해야 한다.
⑤ 조리 과정에 들어가는 조미료나 소스의 양을 통일한다.
⑥ 소스나 양념을 만들 때의 조리 공정을 통일한다.
⑦ 완성된 음식을 담는 그릇이나 포장재를 통일한다.

제9장

효율적인 직원 관리

1 직원 이동

가. 배치전환

직원의 수는 그대로 두고 동일 수준의 다른 직무로 수평적으로 이동하는 것을 말한다. 직무 중심의 인력 수급의 불일치를 해소함으로써, 노동생산성을 향상시키기 위한 방법이다. 사업장 내의 부서 간, 회사 내의 사업장 간, 넓게는 그룹의 경우 관계사.자회사 간의 인력 이동이 이에 해당한다.

배치전환은 근로자에게 새로운 일을 할 수 있도록 하여 더 큰 만족을 줄 수도 있지만, 다른 한편으로는 새로운 업무를 맡게 됨에 따라 불평과 불만을 가져오게 할 수도 있다. 따라서 배치전환은 신중을 기해야 하고 해당 근로자가 전환, 배치의 원칙과 절차를 충분히 납득할 수 있는 수준에서 공명정대하게 이루어져야 한다.

나. 승진

승진은 현재 담당하고 있는 직무보다 책임과 권한이 한층 무거운 상위의 직위로 이동하는 수직적 이동을 의미한다. 승진에는 권한과 책임의 증대뿐만 아니라 위신의 증대, 급여나 임금의 증가 등이 뒤따르는 것이 보통이다. 따라서 승진은 직원에게 동기를 부여하여 근로 의욕을 증진시키고, 잠재능력을 발휘하는 기회를 제공하는 중요한 수단이 된다.

다. 퇴직

퇴직은 근로자의 일방적 의사 표시에 따른 근로계약의 해지를 말하며 흔히 사직이라고도 말한다.

라. 해고

근로자의 귀책 사유에 의한 근로계약이 해지되는 것을 말하며, 해당자들은 비통함, 분노, 충격, 실망 등의 감정을 깊이 느끼게 된다.

2 직원 채용

채용이란 사용자가 필요에 따라 근로 조건을 구체적으로 명시하여 근로자를 모집하거나 필요한 문서를 제출하여 응모해 온 근로자를 심사한 후 골라서 쓰는 것을 말한다. 채용은 조직의 성과를 높이기 위한 가장 기본적이고 중요한 과제이다. 직무를 수행할 인적자원을 확보하기 위해 자격 요건을 갖춘 지원자를 찾는 과정이 채용 과정이다.

가. 채용 대상에 따른 분류

채용은 대상에 따라 신입과 경력 채용이 있다.

① 신입 채용 : 주로 정기적인 공채 제도에서 학교 졸업자 위주로 채용하는 것으로서 전통적인 채용 방식의 하나이다. 신입 채용자들은 조직의 문화에 쉽게 적응하기 어렵지만 한 번 적용하면 조직에 대한 충성심이 강한 측면도 있다.

② 경력 채용 : 동일한 직종에서 동일하거나 유사한 직무를 수행한 사원을 채용하는 것을 말하며, 신입 사원을 채용하여 양성시키기에 곤란한 전문 직종 등에 주로 채택된다.

나. 채용 방식에 따른 분류

채용 방식에 따라서는 공개 채용, 인턴 채용, 추천 채용으로 구분할 수 있다.

① 공개 채용 : 정식적인 공고 형식을 통해 공고를 확인하고 자격 조건에 적합한 지원자가 직접 선발에 참여할 수 있는 기회를 제공하는 채용 방식이다.
② 인턴 채용 : 현장에서 얻은 경험 학습을 뜻하는 의미로 인턴십, 서비스 학습, 협력 교육, 현장 실습 등 다양한 용어로 정의되고 있다.
③ 추천 채용 : 비용면에서도 낭비를 줄일 수 있고, 필요 인력을 보다 빨리 채울 수 있는 장점이 있으나 능력에 문제가 있을 수 있다. 이직률을 줄이고, 품질과 생산성 등 모든 면에 있어서 더 좋은 결과를 보이는 경향이 있다.

다. 직원 채용

음식점에서 직원 채용은 기존의 직원이 퇴직하거나, 업무가 증가하는 경우다. 직원이 퇴직할 때는 퇴직한 인원 수 만큼 채용하면 되나. 업무가 증가하는 때는 매장에서 이루어지는 업무와 직원들의 노동생산성을 비교하여 노동 생산성에 비하여 업무가 많은 경우에는 직원을 충원해야 한다. 필요한 직원이 정직원인지 아르바이트인지를 결정한다.

직원을 채용하려면 다음과 같은 순서로 진행한다.

1) 채용 계획 수립

좋은 직원을 뽑는 일은 어려운 일중 하나이다. 따라서 좋은 직원을 채용하기 위해서는 먼저 채용 계획을 세워야 한다. 채용 계획에서는 어떤 직종을 뽑을 건지, 언제까지 공지를 할 것인지, 서류전형과 면접은 언제 어떻게 할 것인지, 몇 명을 채용해야 할지가 포함되어야 한다. 그리고 음식점의 특성상 늦은 시간까지 영업하거나 주말에도 영업하는 경우가 많기 때문에 늦은 시간이나 주말에도 근무할 수 있는 직원을 채용해야 한다.

2) 모집 공고

① 채용 계획이 세워지면 채용 공고문을 만들어 채용 포털 사이트인 사람인, 인쿠

르트, 잡코리아 등에 올려서 지원자를 받는다.
② 채용 공고문에는 채용 인원, 근무 시간, 직무, 지원 자격, 보수, 연락처 등을 기록하여 공고한다.
③ 모집 공고문을 보고 지원 의사가 있는 사람은 이력서, 자격증, 경력증명서 등을 보내게 된다.

3) 서류 전형
① 지원자 중에서 보낸 서류들을 가지고 서류 전형을 한다.
② 서류 전형은 업체에서 필요로 하는 직무에 적합한 이력과 경력을 가진 사람을 선발한다.
③ 서류 심사에서는 지원자의 인적 사항과 교육 배경, 경력, 자격증 유무 등 기본적인 사항을 바탕으로 심사가 이루어진다.
④ 지원자의 자격 요건과 보유 능력을 객관적인 기준에 의해 판단하여, 서류 심사 합격 여부를 결정한다.
⑤ 서류 심사 시에는 통상 채용 인원의 3배수를 뽑아서 면접을 볼 수 있도록 선발한다.
⑥ 서류 전형에 합격한 지원자들에게 면접 일을 통보하고 참석 여부를 확인한다.
⑦ 참석 여부를 확인해도 면접 당일날 불참하는 경우도 많으므로 불참을 대비해서 서류 심사 합격자를 추가로 선발해야 한다.

4) 면접
면접은 직접 지원자와 면접관이 얼굴을 맞대고 질의 응답을 통해 지원자의 잠재적인 능력, 사고력, 창의력, 인생관, 직업관, 그리고 예절이나 태도 등을 파악하고자 하는 것이다. 즉 면접은 지원자의 능력에 대한 총체적인 평가라고 할 수 있다. 면접 방법에는 구조적 면접과 비구조적 면접이 있다.

① 구조적 면접
구조적 면접은 극히 간단하고 짧은 답을 요구하는 제한적인 질문을 하고 질문내용, 질문의 순서, 용어의 사용 등이 엄격하게 정해져 있어 면접 과정에서 면접자가 거의 아무런 융통성을 발휘할 수 없는 면접이다.

② 비구조적 면접
비구조적 면접은 피면접자로 하여금 자신의 생각, 의견, 느낌 등을 자유롭게 답할 수 있도록 개방적 질문을 하고 질문의 형태와 내용을 면접자의 재량에 따라 결정할 수 있는 면접이다.
  면접에서 최종적으로 선발된 지원자는 나중에 개별적으로 연락을 준다.

3 직원 채용 시 고려 사항

음식점에서 직원을 채용할 때는 다음의 사항을 고려하여 선발하는 것이 좋다.

가. 경력

가장 중요한 것은 경력이라고 할 수 있다. 음식점에 근무해 본 사람은 매장의 운영시스템을 어느 정도 이해하고 있고, 고객 서비스를 직접 체험해본 사람은 특별한 교육을 하지 않아도 바로 일할 수 있어서 되도록 음식점에 근무해본 사람을 선발하는 것이 좋다.

나. 학력과 전공

특별하게 학력이나 전공에 대한 제한은 없는 편이지만 공개 채용의 경우 대부분 전문대졸 이상의 학력 소지자로 제한하고 있다. 요즘에는 점차 외국인 고객이 늘고 있기 때문에 외국어 회화 능력을 갖춘 인재를 원하기도 한다.

다. 문제해결력

매장에서는 매우 다양한 상황이 있으며, 그에 따라 발생하는 문제도 다양하다. 그리고 결과에 대해서 점주가 책임져야 하기 때문에, 어떠한 상황에도 침착함을 잊지 않고 상황을 빠르게 판단하여 대처하는 문제해결력과 판단력이 있어야 한다.

라. 체력

　음식점 직원은 일반 직장의 직원들에 비해서 업무 강도가 높으며, 정신적으로도 스트레스가 심할 때가 많다. 그리고 업무시간 대부분 서서 일해야 하기 때문에 체력적으로 건강해야 한다.

4 신입 직원 관리

취업이 결정되어 첫 출근한 신입 사원에 대해서는 다음과 같은 절차를 밟는다.

가. 근로계약

면접에서 최종적으로 합격한 지원자가 처음 출근하게 되면 근로 계약서를 작성한다.
① 일반적으로 경영자가 공인 회계사 또는 세무사와 상의하고 임금과 근로 조건을 정하고 이를 근로 계약서에 명시하여 채용된 직원이 서명한다.
② 아르바이트생, 일용직 등 수시로 채용해야 하는 경우 직원의 인원수와 회사의 소요 자산을 고려하여 채용 인원의 고용 형태, 즉 정직원, 아르바이트생, 일용직 등을 결정할 수 있다.

나. 인사 기록표 작성

① 직원이 채용되면 가장 먼저 해야할 일은 인사기록부를 작성하는 일이다.
② 인사기록부는 회사 차원에서 직원의 효율적인 인력 관리에 필요한 필수 서류다.
③ 주민 등록 등본과 직원 명의로 된 급여 통장 사본, 각종 인사 관련 자료 및 서류를 함께 제출한다.

③ 직원의 인사기록과 관련되는 제반 서류는 각 개인별로 인사 기록철에 보관하며, 엄격히 비밀로 관리하여 인사기록 담당 사원과 열람 권한을 부여받은 자 외에는 개인의 인사기록을 열람할 수 없도록 해야 한다.
④ 회사에 입사하면 직원은 입사에 필요한 서류를 준비하면서 회사 업무를 시작힐 마음의 준비를 하게 된다.
⑤ 정규직이 아니라 일용직을 채용할 때는 일당 또는 시간당 임금을 정하고 근로 계약서를 작성한다.
⑥ 주민 등록 등본과 직원 명의로 된 급여 통장 사본과 함께 보관하도록 한다.

다. 건강진단결과서 확인

① 식품 유흥업 종사자는 보건소에서 건강 진단을 통해 건강진단결과서를 일할 때 지참하고 있어야 한다.
② 행정관서에서 위생 조사가 불시에 나와 건강진단결과서 없이 직원이 조리 제조 또는 영업을 하고 있으면 건강 진단을 받지 아니한 영업자는 과태료 20만 원, 건강 진단을 받지 아니한 종업원은 과태료 10만 원을 내야 한다.

다. 국민 건강 보험 가입

① 국민 건강 보험은 상시 근로자 1인 이상을 사용하는 모든 사업장이 의무적으로 가입해야 하는 제도이다.
② 1개월 미만의 고용 기간 일용 근로자, 임시 사업장의 근로자, 시간제 근로자 등은 가입 대상에서 제외된다.

라. 산재 보험 가입

① 산재 보험은 근로자의 업무상 재해를 신속, 공정하게 보상하고 재해 근로자의 재활 및 사회 복귀를 촉진하기 위하여 필요한 보험이다.
② 산재 보험은 산재 근로자와 그 가족의 생활을 보장하기 위하여 국가가 책임을 지는 의무보험이다.
③ 근로자의 업무상 재해에 대하여 사용자에게는 고의·과실의 유무를 불문하는 무과실책임주의이다.
④ 산재 보험급여는 재해 발생에 따른 손해 전체를 보상하는 것이 아니라 평균임금을 기초로 하는 정률 보상방식으로 행한다.
⑤ 상시 근로자가 1인 이상인 사업장은 의무적으로 가입해야 하며, 다른 보험과 달리 모든 보험료를 회사가 부담한다.

5 직원 교육

직장에서 교육은 아무리 강조해도 지나치지 않다. 사람을 변화시키는 데 가장 효과적인 것이 교육이기 때문이다. 어떤 음식점이든 교육을 실시하는 음식점은 급변하는 사회에 대처하는 능력을 갖게 되고 성장 발전하게 된다.

음식점의 직원들은 의무적으로 위생교육을 받아야 하고, 매장관리, 시설이나 도구 사용법, 고객 응대, 직무교육, 메뉴교육, 서비스 등 알아야 할 것들이 많다. 따라서 음식점에서는 매월 교육 계획을 세우고, 특별하게 교육이 필요할 때는 특별 교육 계획을 세워도 좋다.

교육은 음식점 입장에서는 직무능력을 높이고, 생산성을 높이고, 직무의 표준화 등 여러 가지 장점을 가지고 있다. 직원들 입장에서도 업무에 대한 능률을 높이고, 직무에 대한 만족도를 높일 수 있다. 나아가 업체의 비전과 목표를 공유함으로 인해서 음식점의 발전에 기여하게 된다.

직원 교육 방법은 직장 내 훈련과 외부 훈련, 신입 사원 교육 훈련 등 3가지가 있다.

가. 직장 내 훈련(OJT)

기업 내에서의 종업원 교육 훈련 방법의 하나로, 피교육자인 종업원은 직무에 종사하면서 지도 교육을 받게 된다. 따라서 업무수행이 중단되는 일이 없는 것이 그 특색이다.

OJT에서 교육을 담당하는 지도자는 사장이나 점주, 선임자가 담당하며, 직원의 능력향상을 책임지시 때문에 지도자와 피교육자 사이에 친밀감을 조성하며 시간의 낭비가 적고 업체의 필요에 합치되는 교육 훈련을 할 수 있다는 장점이 있다. 그러나 지도자의 높은 자질이 요구되며 교육 훈련 내용의 체계화가 어렵다는 등의 난점이 있다.

나. 외부 훈련(Off-JT)

전문 교육 훈련 기관이나 본사 연수 시설 등을 이용하여 직원들의 교육 훈련을 시키는 것을 말한다. 전문적인 교육을 받을 수 있으나, 직장을 떠나 업무의 공백이 생긴다. 외부에서 배운 교육 훈련의 내용은 OJT를 통해 실제로 직장에서 활용되어 직접적으로 작업자나 집무자의 업적에 반영되는 효과를 가져오게 된다. 선진국의 통계에 의하면 기업 내 교육 훈련의 90%는 OJT에 의거하는 것으로 나타나 있다.

다. 신입 사원 교육 훈련

신입 사원 교육은 신규 직원을 대상으로 업체에서 요구하는 인재로 양성하는 교육 훈련을 말한다. 신입 사원에게 직장에 대한 이해와 업무에 대해서 배우는 교육이므로 매우 중요하다. 신입 사원 교육을 통해서 직장에 적응하는 기간을 줄이고, 단기간에 업무 능력을 높일 수 있기 때문에 신입 사원 교육 훈련을 해야 한다.

6 직원 근태 관리

가. 출퇴근 스케줄 작성

출퇴근 스케줄은 매장의 업무를 수행하기 위해 직원들 간의 업무 분장과 일정을 기록한 것이다. 직원들의 출근 시간, 점심 시간, 퇴근 시간을 정해 놓고 관리하는 것을 말한다.

출퇴근 스케줄의 필요성은 다음과 같다.

① 직원들의 근무 시간을 관리하기 위해 출퇴근 스케줄을 작성해야 한다.
② 음식점의 효과적인 운영을 위해서 출퇴근 스케줄을 작성해야 한다.
③ 직원들의 업무 분장과 근무 시간을 결정하는 데 중요하다.
⑤ 직원들의 출퇴근 시간은 인건비와 연결되기 때문에 관리가 필요하다.
⑥ 직원들에게 시간을 효율적으로 사용하도록 한다.
⑦ 근무 일정은 스케줄에 의해 결정되므로 월 스케줄을 미리 확인하고, 사인 후에 잊지 않도록 메모해 둔다.
⑧ 개인적인 사정이 있을 경우 적어도 스케줄 작성 일주일 전에 알려준다. 부득이하게 스케줄이 작성된 후의 개인적인 사정은 점장의 허가를 받도록 한다.

나. 근태 관리

① 음식점은 직원들의 업무 효율성과 감독을 위하여 근태 관리의 기본 수칙을 정하여 근무하는 직원에게 방법과 절차를 규정하여 제시하고 있다.

② 효율적인 근태 관리를 실시해야 근면하고 성실한 풍토가 조성된다.
③ 특히, 서비스업처럼 2교대, 3교대를 하는 곳은 출퇴근 시간, 휴게 시간, 식사 시간, 연장 근무 시간 등을 출근부를 통하여 관리하여야 원활한 근무 환경을 조성할 수 있다.

다. 출퇴근 일지 작성
① 출퇴근 일지는 개개인별 출퇴근 시간에 대해 기재한 일지이다.
② 출퇴근 일지는 직원이 직접 서명한다.
③ 출근 기계를 운영하는 음식점은 출근 카드의 확인으로 출근 시간을 기록하고 업무 시작 전에 업무를 수행하기 위한 사전 준비하게 한다.
④ 퇴근 시에는 퇴근 기록을 하는 것이며 익일 업무에 지장이 없도록 당일 업무의 마감 및 집기, 사무용품 등을 정리 후 퇴근하게 한다.

라. 지각, 결근, 무단결근 관리
① 지각이나 결근할 시에는 사유 및 증빙 서류를 사전에 관리자에게 제출해야 한다.
② 기타 긴급하거나 불가피한 사항으로 사전에 제출하지 못했을 때는 관리자에게 전화 또는 기타 방법으로 보고하여야 한다.
③ 보고 없이 출근하지 않거나 증빙 서류를 제출한 것이 불분명하거나 허위일 때는 연월차 휴가 보유와 관계없이 무단결근 처리된다.
④ 무단결근이 일정 일수 이상이 되면 음식점의 규정에 따라 징계 또는 퇴직시킬 수 있다.

7 직원 인사 평가

인사 평가는 직원의 근무 성적이나 능력, 업적, 태도 등을 직장에 대한 유효성의 관점에서 정기적으로 검토, 평가하여 이들의 상대적 가치를 결정하고자 시행하는 제도이다. 직원들의 근무성적과 잠재능력을 체계적으로 분석·파악하여 인적자원의 효과적인 활용과 능력의 개발·육성을 위한 직원 관리 방법이다.

음식점이 추구하는 목표의 효과적인 달성은 종업원의 직무 수행 능력의 보유 발휘 정도에 의존하게 된다. 따라서 기업에 고용된 종업원이 일정 기간 근무하는 동안 자기가 가진 능력을 얼마만큼 발휘해서 업적을 얼마나 올렸느냐 하는 것은 업체의 입장에서는 매우 중요한 일이다.

가. 인사 평가도의 목적

1) 성과 향상의 목적

인사 평가 제노는 직원들에게 직장의 목표에 도달하는 직원에게는 진급이나 금전적인 보상을 하기 때문에 직원들이 성과를 내기 위해 노력하는 분위기를 정착할 수 있다.

2) 공정한 보상

업체는 열심히 일한 직원에게 보상을 해야 더욱 열심히 일하려는 분위기가 만들어진다. 따라서 열심히 일한 직원에 대해서는 성과급, 보너스, 포상, 칭찬 등을 보상하고, 일을 제대로 하지 못한 직원에게는 임금 삭감, 강등, 문책 등을 줄 수 있다.

3) 효과적 인력 계획과 배치

인사 평가는 직원들의 인적자원의 가치, 능력, 특기 등의 정보를 수집하는 계기가 된다. 음식점은 이러한 정보를 바탕으로 직원들의 능력에 맞는 위치나 직무를 맡 길 수 있다.

나. 직원의 인사 평가 요소

직원의 인사 평가 요소는 표준화된 것은 없으나 업체의 이념과 비전에 맞게 구성해서 평가할 수 있다. 업체에서 사용할 수 있는 직원의 인사 평가 요소의 예를 들어 보면 다음과 같다. 업체에서는 상황에 맞게 아래의 평가 요소 중에서 필요하다고 생각하는 항목으로 선정해서 평가하면 된다.

〈표 9-1〉 직원의 평가 요소

구분	세부 내용
업무 성과	업적 달성도 : 양적 성과, 질적 성과 업무 처리 내용 : 정확성, 신속성 섭외 활동 실적 : 유대 관계 유지 및 목적 달성 정도 부하 직원 육성 : 계획적 업무 부여, 개발 의욕 고취
업무 수행 태도	책임감 : 자부심, 헌신도, 노력 정도 품성 : 성실성, 모범성, 공정성 창의력 : 업무 개발 능력
업무 수행 능력(역량)	업무 추진 능력 : 의욕, 적극성 지도 통솔력 : 통솔 능력 개발 및 업무 능률 향상 판단 처리력 : 판단 및 처리 능력
기타	특이 사항, 근태

다. 인사 평가 유형

① 상사 평가 : 점주가 직원들을 대상으로 평가하는 것을 말한다. 상급자의 단독 평가라 주관적인 평가가 되기 쉽다.
② 동료 평가 : 비슷한 직급의 동료들이 자신의 동료를 평가하는 것을 말한다. 다수의 사람이 평가한다는 점에서 상당히 정확하고 타당성이 높은 평가가 된다.
③ 부하 직원 평가 : 부하 직원들이 상급 직원을 평가하는 것을 말한다. 관리 권한의 축소에 대한 우려 때문에 실제 기업에서 잘 활용되지 않고 있다.
④ 자기 평가 : 자기 자신의 역량이나 업무 수행 실적을 자기 스스로 평가하는 것을 의미한다. 직원들의 참여와 개발을 유도하는 평가다.

제10장

손익 관리

1 손익 계산서

손익 계산서는 일정 기간에 발생한 모든 비용과 수익을 기재하여 일정 기간 기업의 경영 성과를 나타내 주는 결산 보고서를 말한다. 대차대조표가 자산·부채·자본으로 구성된 결산 보고서라고 한다면, 손익 계산서는 수익·비용으로 구성된 결산 보고서다.

매장의 경영 성과는 이익으로 표현되며, 이익은 수익에서 비용을 차감하여 계산된다. 수익이란 영업 활동을 통하여 기업으로 유입된 자산이고, 비용은 그러한 수익을 획득하기 위하여 사용된 자산을 말한다.

- 영업 이익+영업외 수익 - 영업외 비용 = 법인세 비용 차감 전 순이익
- 법인세 비용 차감 전 순이익 - 법인세 비용 = 당기 순이익(당기 순손실)

가. 손익 계산서의 필요성

음식점에서는 매월 손익 계산서를 작성한다. 한 달간의 매출과 매입 그리고 판매 관리비를 파악해 그달의 영업 상태를 파악하고 다음 달을 준비하기 위해서이다.

하지만 소규모 음식점을 영위하고 있는 자영업자 대다수가 손익 계산서를 작성하지 않는다. 작성하지 않는 이유 대부분이 규모가 작아 필요가 없다고 한다. 그 결과 매달 어떤 항목이 언제 얼마나 지출되는지, 얼마나 수익이 발생하고 있는지를 모르는 외식 경영자가 대부분이다. 규모가 크든 작든 효율적인 경영(매장 수익 관리)을 위해서는 반드시 손익

계산서를 작성해야 한다.

나. 매출액

매출액은 기업이 주된 영업 활동에서 발생한 제품, 상품, 용역 등의 총매출액에서 매출 할인, 매출 환입, 매출 에누리 등을 차감한 금액이다.

매출액 = 총매출액 - 매출 환입 및 에누리 - 매출 할인

1) 매출 환입

판매한 상품이 반품 처리된 금액을 말하며, 매출 에누리란 판매 상품에 파손이나 결함이 있어서 결제 금액을 깎아주는 것을 말한다. 매출 환입 및 에누리는 총매출액에서 차감한다.

2) 매출 할인

외상 대금을 약정된 할인 기간 내에 회수하고 대금의 일부를 할인해 주는 것을 말한다. 매출 할인은 총매출액에서 차감한다.

라. 매출 원가

상품 등의 매출액에 대응되는 원가로서 판매된 제품이나 상품 등에 대한 제조 원가 또는 매입 원가이다.

상품 매출 원가 = 기초 상품 재고액 + 당기 상품 매입액 - 기말 상품 재고액

2 판매 관리비

판매 관리비는 메뉴, 상품, 용역 등의 판매 활동과 음식점 매장의 관리 활동에서 발생하는 비용을 말한다. 매출 원가에 속하지 아니하는 모든 영업 비용을 포함한다. 판매비와 관리비는 당해 비용을 표시하는 적절한 항목으로 구분하여 표시하거나 일괄 표시할 수 있다. 일괄 표시하는 경우에는 적절한 항목으로 구분하여 이를 주석으로 기재한다.

가. 판매관리비의 종류

① 급여 및 임금 : 임직원의 근로 제공에 대한 대가로서 지급하는 인건비를 말하며 임원 급여, 직원의 급료와 임금 및 제수당 등을 가리킨다.

② 퇴직 급여 : 당해년도 중 임직원의 퇴직 시 음식점의 퇴직금 지급 규정 또는 근로기준법에 의하여 지급해야 할 퇴직금 중 당해년도 부담분에 속하는 금액을 말한다.

③ 복리 후생비 : 임직원의 복리와 후생을 위하여 지급한 비용으로서 식대 보조금, 경조금, 축의금, 건강 보험료 회사 부담분 등을 말한다.

④ 여비 교통비 : 임직원의 여비와 교통비를 말한다. 이때의 여비는 통상 기업의 임직원이 업무를 수행하기 위하여 비교적 먼 곳으로 출장 갈 때 소요되는 경비로서, 구체적인 내용으로는 철도 운임, 항공 운임, 숙박료, 식사대 및 기타 출장에 따른 부대 비용이며, 교통비는 상기 여비 이외의 시내 출장비라든지 시내의 일시적인 주차료 등을 말한다.

⑤ 접대비 : 회사의 업무와 관련하여 고객이나 거래처를 접대한 경우 이와 관련된

제반 비용, 사례비 및 경조금 등을 계상한다.
⑥ 통신비 : 전신, 전화, 팩스. 우편 등의 비용을 계상한다.
⑦ 수도 광열비 : 수도료, 전기료, 가스료, 연료대 등의 비용을 말한다.
⑧ 세금과 공과금 : 주민세, 재산세, 자동차세 등의 세금과 공과금을 계상한다.
⑨ 감가 상각비 : 건물, 기계 장치, 차량 운반구 등 유형자산의 당해 년도 감가상각비를 계상한다.
⑩ 임차료 : 사무실, 공장, 또는 토지 등의 임차료 및 컴퓨터나 집기 비품의 리스료를 계상한다.
⑪ 수선비 : 건물, 건물 부속 설비, 집기, 비품 등의 유형자산의 수선비를 계상한다. 수선비 중 자본적 지출에 해당하는 부분은 해당 자산 계정에 가산시켜야 한다.
⑫ 보험료 : 기업이 소유하는 건물·기계 장치 등의 유형자산, 상품·메뉴·원재료 등의 재고자산 등에 대하여 가입한 각종 손해 보험(화재 보험, 도난 보험, 책임 보험) 등의 비용을 계상한다.
⑬ 차량 유지비 : 차량 운반구 유지 비용으로 차량 유류대, 주차비, 차량 수리비 등에 계상한다.
⑭ 교육 훈련비 : 직원의 직무 능력 향상을 위한 교육 및 훈련에 관련된 비용을 계상한다.
⑮ 도서 인쇄비 : 도서 구입비 및 인쇄와 관련된 비용을 계상한다.
⑯ 소모품비 : 소모성 비품 구입에 관한 비용으로서, 사무용 용지, 소모 공구 구입비, 주방용품 구입비, 기타 소모자재 등의 구입비를 계상한다.
⑰ 수수료 비용 : 제공받는 용역의 대가로 지불하는 비용을 계상한다.
⑱ 광고 선전비 : 상품이나 메뉴의 판매 촉진을 위해 지출한 광고 선전비로 TV·라디오·신문·잡지 등의 대중매체에 지급되는 비용을 계상한다.

3 예상 객수 예측

객수 예측이란 궁극적으로 수요 또는 판매를 예측한다는 의미이며, 판매예측이라고도 한다. 객수 예측은 자사의 메뉴에 대하여 장래의 일정 기간, 일정 장소에서 얼마나 판매할 수 있는가를 추정하기 위한 것이다.

가나. 객수 예측의 종류

객수 예측을 수량적으로 파악하기 위해 예측치를 그대로 채용하는 것이 아니라 규칙적 및 불규칙한 각 요소를 고려한 후 주관적인 판단에 따라 예측치를 수정할 필요가 있다.

1) 추량법

주관적인 어프로치라고도 불리며 가장 무난한 방법으로서 실제로 경영에 종사하는 사람들의 경험과 지식을 바탕으로 추량하는 것이다.

2) 소비자 계획 분석법

데이터의 대부분은 회사의 시장 조사 파트에서 수집한 사실이다. 시장 조사 파트는 기대하는 장래의 매출액에 관한 정보를 수집하기 위해 조사 대상자에게 면접 조사원을 파견하거나 설문지를 보내어 이들 회답과 보충적 원천 자료로부터의 데이터를 분석한다.

3) 판매 실적법

과거의 판매 실적을 바탕으로 판매액을 예측하는 방법이다. 이 방법은 시간적 변화를 포함한 수치를 분석, 과거의 판매 실적으로부터 장래의 경향을 예측하려는 것이다.

① 전년 동월 매출액에 일정률을 적용하는 방법으로 일정률 증가법이라고도 한다.
② 연속 상관법

$$당년\ 차기의\ 예정매출액 = 전년\ 차기매출액 \times \frac{전년\ 동기\ 매출액}{당년\ 당기\ 매출액}$$

- 월별 실적 비율법

$$월별비율 = \frac{월간\ 판매실적}{연간판매실적}$$

4 매출 향상 전략 수립

매출 분석은 판매량을 분석하는 것을 말한다. 매출 분석은 매출 향상 전략을 수립하기 위해 필요하다. 단품별로 이익이 많이 나는 품목은 집중적으로 판매하고, 이익이 나지 않는 품목은 퇴출시키는 것을 매출 향상 전략이라고 한다.

가. 단품별 매출액

음식점에 있어서 상품 관리는 매우 중요하다. 상품 관리를 위해서는 단품별 판매 추세와 이익률을 고려해야 한다. 단품별 판매 추세는 메뉴마다 판매 추세와 이익률을 따지는 것이다.

나. 단품별 관리의 중요성

신규 외식 브랜드와 같은 경쟁자가 계속해서 나오므로 자사 상품의 경쟁력을 알기 위해서 상품의 매출액, 이익을 확실히 파악해야 할 필요가 있다. 팔리지 않은 상품은 빨리 매장에서 철수시켜야 손해를 줄일 수 있다.

- POS 시스템 보급이 보편화됨에 따라 단품의 매출 파악이 용이하다.
- EOS 시스템 도입에 따라 단품의 매입원가 파악이 용이하다.

- 매출이익이 높은 상품에 중점을 두고 판매한다.
- 매출이익이 낮은 상품은 퇴출한다.
- 팔리지 않는 상품의 퇴출 기준을 파악한다.

다. 매출 분석 방법

매출액은 원가 부분과 매출총이익으로 구성되어 있다. 매출 원가 부분이 커지면 매출이익이 작아지고, 반대로 매출 원가가 작아지면 매출이익의 비율은 커진다.

매출원가와 매출이익(매출액 = 매출원가 + 매출이익)

5 원가 분석

가. 원가

1) 정의
    ① 원가(cost)는 식품을 제조, 판매 유통하면서 드는 비용을 말한다.
    ② 원가는 재료비, 인건비, 제조경비로 구성된다.
    ③ 단가는 'unit cost'라고 하여 물건 한 단위의 가격, 즉 일정 기간 동안 투입된 총원가를 총생산량으로 나눈 값이다.

2) 원가계산의 기간

1개월에 한 번씩 실시하는 것을 원칙으로 하나 때에 따라서는 3개월 또는 1년 단위로 하기도 한다.

3) 원가 계산의 목적
    ① 원가 관리
    ② 가격 결정
    ③ 재무제표 작성
    ④ 예산 편성

나. 원가의 종류

1) 소멸 원가

수익이 발생하지 않는 데 들어가는 비용을 말한다. 예를 들어 재료를 구매하여 메뉴를 만들었는데 팔리지 않아서 버리는 경우를 말한다. 소멸 원가는 손실로 처리한다.

2) 미소멸 원가

원가를 늘여서 만들었으나 아직 팔리지 않아 나중에 팔리기를 기다리는 물건에 들어간 원가를 말한다. 예를 들어 유통기한이 긴 쿠키 등을 제조한 후 아직 판매 되지 않았으나 향후 판매가 예상되는 경우를 말한다. 소비된 재료의 금액이 미소멸 원가이며, 자산으로 처리한 후, 판매되어 수익이 되는 시점에 비용 또는 손실로 처리한다.

다. 원가의 구성

1) 재료비

① 메뉴 매출원가를 구성하는 요소 중 메뉴를 만들기 위해 드는 비용을 재료비라고 한다.
② 커피 메뉴에서는 투입된 원재료(커피 원두 등)나 부재료(테이크아웃 용기, 휘핑 가스 등) 등에 지출한 금액을 의미한다.
③ 일정 기간 메뉴를 만들기 위해 소요된 재료비를 계산하려면 각각의 원부재료별로 입출고 내역을 기록한 재고관리 대장철을 별도로 작성 관리해야 한다.

2) 인건비

① 메뉴를 만들기 위해 투입된 노동력에 대해 지급한 다양한 유형의 노무비를 말

한다.
② 여기에는 정직원, 계약직, 일용직의 급여와 퇴직금, 기타 복리 후생비 모두를 포함한다.

3) 제조 경비
① 메뉴를 만들기 위해 투입된 재료비와 인건비 이외에 다양한 유형의 경비 항목을 말한다.
② 여비 교통비, 접대비, 창고 보관료, 운반료, 광고 선전비, 통신비, 수도 광열비, 세금, 소모품비, 임차료. 수선비, 차량 유지비, 보험료, 감가상각비, 잡비 등을 말한다.
③ 매장 임차료, 세금과 공과금, 전화 요금, 창고비, 택배비, 퀵서비스비, 사무용품, 광고비 등으로 구분할 수 있다.

라. 원가의 종류
① 직접원가 : 기초원가라고도 하며, 특정 메뉴에 직접 부담시킬 수 있는 원가
$$직접원가 = 직접재료비+직접노무비+직접경비$$
② 제조원가 : 직접원가에 제조 간접비를 더하여 산출한 원가(공장원가, 생산원가)
③ 총원가 : 메뉴의 제조원가에 판매를 위한 일반 관리비용까지 포함시킨 원가
④ 판매원가 : 총원가에 판매 이익을 포함시킨 원가를 말하며 판매가격이 되는 원가
⑤ 실제원가 : 메뉴를 제조한 후에 실제로 소비된 원가를 산출한 원가로 확정원가, 보통원가라고도 한다.

⑥ 예정원가 : 메뉴의 제조에 소비될 것으로 예상되는 원가를 산출한 사전원가로 추정원가라고도 한다.
⑦ 표준원가 : 과학적 및 통계적 방법에 의하여 미리 표준이 되는 원가를 산출한 것
⑧ 부가원가 : 원가이지만 비용이 아닌 원가로 자기자본에 대한 이자 등.
⑨ 중성비용 : 비용이나 원가가 아닌 것

라. 원가계산의 3단계

1) 요소별 원가계산

　재료비, 노무비, 경비의 3가지 요소별 계산
- 직접비 : 직접재료비, 직접노무비, 직접경비(외주 가공비)
- 간접비 : 간접재료비(보조 재료비), 간접노무비(급료, 급여수당), 간접경비(감가상각비, 보험료, 수선비, 여비, 전력비, 수도비, 교통통신비, 가스비 등)

2) 부문별 원가계산

　전 단계에서 파악된 원가요소를 원가 부문별로 집계하여 계산한다.

3) 메뉴별 원가계산

　각 부문별로 집계한 원가를 메뉴별로 배분하여 최종적으로 각 메뉴의 원가를 계산한다.

6 표준 작업 지시서

음식점 매장을 운영하는 데 있어 가장 중요한 부분 중 하나가 인력 관리이다. 인력 관리는 구인 관리, 스케줄 관리, 급여 관리, 작업 관리 등 여러 가지 형태로 수행되고 있다.

이 중 음식점 매장의 작업 운영, 즉 내적 경영 관리 영역으로 실제 고용된 인원이 매장 내 작업을 수행함으로써 지속적이고 반복적으로 과업을 수행함에 따라 발생하는 작업을 표준화된 양식으로 작성한 것이 표준 작업 지시서이다. 쉽게 말해 반복적인 업무를 표준화된 양식으로 작성한 것을 표준 작업 지시서라고 한다.

작업 표준에는 작업 표준서, 작업 설명서, 작업 지시서, 작업 순서도, 작업 요령서 등이 있다. 직무 매뉴얼과 유사하지만, 엄격히 다른 개념이다. 표준 작업 지시서에는 각 공정과 공정에 따른 준수해야 할 지침이 명시되어 있기 때문이다.

가. 표준 작업 지시서의 필요성

① 현장에서의 모든 낭비를 제거하고, 작업 속도를 빠르게 한다.
② 숙달되지 않은 사람도 쉽게 만들 수 있다.
③ 필요한 것은 필요한 만큼, 필요한 시간에, 주문하는 고객에 맞게 가장 효과적으로 만들 수 있다.
④ 재고의 손실을 줄일 수 있다.

⑤ 인력 이동이 잦은 음식점에서 신규 직원이 업무에 대해 쉽게 숙달할 수 있다.
⑥ 손실을 줄임으로써 경제적 이익을 가져다준다.

나. 표준 작업 지시서 사용 시 주의 사항

① 표준 작업 지시서는 문제점이 발견되거나 더 빠르게 작업할 수 있는 방법이 생기면 끊임없이 개선한다.
② 작업 지시서가 만들어지면 실제로 작업 지시서 대로 작업을 하여 검증하고 의견을 최대한 반영하여야 한다.
③ 작업 지시서는 한번 만들어지면 수정하면서 끝까지 사용한다.

7 매장 체크리스트

가. 일일 체크리스트

매장관리를 효율적으로 하기 위하여 일일 체크리스트를 작성하여 매일 점검하여 손실을 줄인다.

1) 거래 명세표와 세금계산서
   ① 매출이 발생한 경우 발주서를 확인하고 거래 명세표와 세금계산서를 발행하며 매출장 및 거래처 원장에 기록한다.
   ② 매입이 발생한 경우도 동일하다.
   ③ 거래 명세표는 거래처별로 날짜 순서대로 정리하여 모으고, 세금계산서는 매출 세금계산서, 매입 세금계산서로 구분하여 보관한다.

2) 지출 증빙철
   ① 자금을 지출해야 하는 경우 각종 경비 지출에 따른 영수증을 수취해 보관, 기록해야 한다.
   ② 사업과 관련하여 거래처로부터 재화와 용역을 공급받고 그 대가를 지출하는 경우에는 반드시 적합한 증빙이 필요하다.
   ③ 세금계산서, 계산서, 신용 카드 매출 전표, 현금 영수증, 3만 원 이하의 간이 영수증 증빙을 받도록 한다.

④ 거래 명세표, 10만 원 이상의 간이 영수증은 적격 증빙이 아니라 부가가치세를 환급받거나 적합한 거래로 인정받지 못한다.

3) 근무 현황철

직원의 출퇴근 시간, 지각, 조퇴, 결근, 휴무, 휴가 등 근무자의 출퇴근 현황을 기록한 기록부를 말한다.

4) 재고관리 대장철

재고가 입출고되면 그에 따른 재고 수불부를 작성한다. 상품의 입출고에 대해서는 품목별, 업체별, 일자별로 구분하여 기록한다. 관련 서식은 업체 규모 업종별 실정에 맞게 작성한다.

나. 월별 체크리스트

1) 적격 증빙 서류

거래에 대한 적격 증빙 서류가 맞게 발행되었는지 확인한다. 예) 세금계산서와 신용 카드 전표, 계산서

2) 인건비(급여 대장철)

급여 지급을 하고, 급여 대장철을 작성하여 세무사에 보낸다.

3) 4대 보험

① 매달 10일 건강 보험, 국민 연금, 산재 보험, 고용 보험을 납부한다.
② 건강 보험, 국민연금, 고용 보험은 근로자와 고용주가 50%씩 부담하지만 산재

보험은 고용주가 전액 부담한다.

4) 전기 요금, 전화 요금, 상하수도 요금
주로 월말에 지불한다.

5) 원천 징수 납부일
① 갑근세(근로 소득세)란 사업자가 근로자를 고용한 후 급여를 지급할 때 급여에서 일정액을 원천 징수해 납부하는 세금이다.
② 갑근세는 간이 세액표를 근거로 원천 징수하고, 급여를 지급한 날이 속하는 달의 다음 달 10일까지 원천 징수 이행 상황 신고서를 작성해 신고·납부하면 된다.
③ 근로자에 대한 갑근세는 차후에 연말정산을 통해 완결되며, 연말 정산한 세액이 급여를 받으면서 납부한 세액보다 많으면 세액을 환급받게 되고, 적으면 세금을 더 납부하게 된다.
④ 갑근세도 납부일이 경과하면 연체 금액이 있으므로 매달 10일은 꼭 잊지 말도록 한다.

6) 임차료와 관리비
임차료는 임차 계약을 한 날을 기준으로 납입하며, 관리비는 매달 말일까지 납부하도록 되어 있다.

7) 세금과 공과금
① 사업을 하면 국가나 지방 자치 단체에 의무적으로 납부해야 하는 조세 및 준조세 성격의 각종 공과금이 발생한다. 우편, 지로 등으로 고지되는 경우가 많으니,

분실하지 않도록 유의하며, 납부일 내에 납부하도록 한다.
② 공과금은 원칙적으로 비용으로 인정되므로 납부한 영수증은 따로 보관한다. 예를 들어 재산세, 자동차세, 사업소세 등이 있다. 또 환경 개선 부담금, 교통 유발 부담금, 대한적십자 회비 등
③ 법령에 의한 의무 불이행, 위반에 대한 제재로 부과되는 가산세, 과태료, 벌금 등은 비용 처리가 안된다.

8) 월 납입 보험료
매장에서 지불해야할 보험료를 정해진 날에 내는지 확인한다.

9) 거래처 송금 대장철
거래 명세표와 세금계산서를 확인하여 금액이 맞으면 세금계산서(또는 계산서) 금액을 기준으로 송금하고, 월 송금한 내역은 원장에 기록한다.

10) 기타 경비철
① 비용 항목 중 가장 빈번하게 발생하는 부분이 복리 후생비와 접대비, 광고 선전비이다. 이들은 계정 항목별로 만든 철에 날짜별로 기재하고 월말에 합산하여 월 예산액과 비교하여 가감 정도를 확인한다.
② 복리 후생비란 직원에게 직접 지급하지 않고 근로 환경, 복지, 근로 의욕 증진 등을 위해 지출하는 비용이다.
③ 접대비란 회사 업무와 관련해 거래처에 향응, 접대 등을 위해 지출한 비용을 말하며, 1만 원을 초과하지 않도록 한다.
④ 광고 선전비란 상품 또는 메뉴의 판매 촉진, 기업 이미지 제고 등을 위해

불특정 다수인을 상대로 지출하는 비용이다.
⑤ 직원이 외근과 출장에 따른 교통비로 목적지와 업무 내용이 기재된 지출 결의서와 함께 증빙 자료를 받아 둔다.
⑥ 비영업용 소형 승용 자동차의 구입과 관리 유지에 소요하는 모든 비용, 즉 수선비와 주유비, 소모품이나 부품 수리비, 주차비 등 차와 관련된 모든 비용의 세액은 공제되지 않는다.

다. 분기별 체크리스트

1) 부가세를 신고·납부한다.
① 본인이 신청한 과세 유형에 따라 일반 과세자와 간이 과세자로 등록할 수 있다
② 간이 과세자로 등록하면 오픈 초기에 지출한 비용 중에서 세금계산서를 받은 것도 공제받지 못한다.
③ 간이 과세자도 연간 4천 800만 원 이상이 되면 일반 과세자로 전환된다.
④ 일반 과세자는 매출액의 10%를 부가세로 낸다. 납부할 부가가치세는 매출 부가세(매출 공급가액 × 10%)에서 매입할 때 부담한 매입 부가세(매입 공급가액 × 10%)를 빼서 계산한다. 이때 매입 부가세가 매출 부가세보다 크면 환급 세액이 발생해 세무서로부터 부가가치세를 되돌려 받는다.
  • 부가세 신고 및 납부는 법인 사업자는 분기별로, 분기 익월 25일에 해야 한다.
  • 개인 사업자의 부가세 신고 및 납부는 1월 25일, 7월 25일에 한다. 4월과 10월에는 세무서의 납부 통지서를 가지고 예정 납부하면 된다.
⑤ 매입 세액이 공제되지 않는 경우
  • 매입 세금계산서를 발행받지 못한 경우
  • 매입 세금계산서를 허위 및 부실하게 기재, 합산한 경우

- 사업과 직접 관련 없는 지출(개인 집에 사용할 냉장고, 에어컨, 가구의 매입 세액)
- 승용차의 구입 및 유지 비용
- 사업자 등록 전 매입 세액
- 면세 제품과 관련해 공급받은 매입 세액

⑥ 세무사에게 신고·납부 업무를 맡기는 경우 월/분기/연도별로 자료를 보내면 신고 자료를 작성하여 보내 주는데, 이를 확인하고 납부하면 된다.

⑦ 매출 누락 등 기타 부정한 방법으로 조세를 탈루하면 포탈한 세액이나 환급, 공제받은 세액의 3배 이하에 상당하는 벌금에 처한다.

2) 일용 근로자에 대한 지급 명세서

일용 근로자에 대한 지급 명세서 제출은 2월, 4월 7월, 10월 말까지 한다.

3) 법인세 또는 종합소득세를 신고 및 납부

① 종합소득세는 개인 사업자에게 부과되는 세금이다. 세율(6 ~ 35%)은 과세 표준에 따라 4단계로 적용되며 다음 연도 확정 신고 기한인 5월 31일까지 신고·납부해야 한다.

② 확정 신고 기한 전에도 세금을 신고·납부하는 경우가 있는데 이를 중간 예납 제도라고 하며, 1월 1일부터 6월 30일까지의 소득에 대한 소득세를 미리 납부한다.

③ 사업 소득 외에 소득이 있으면 합산해 신고해야 한다.

부록

1. 개인 정보 제공 동의서

개인 정보 제공 동의서

개인 정보 제공 동의서

| 성 명 | | 생년월일 | |

본인은 개인 정보 제공에 동의합니다.

20 년 월 일

동의인 :　　　　(서명)

귀하

【 수집하는 개인 정보의 항목 】
○ 　는 아래와 같은 개인 정보를 수집하고 있습니다.
 - 필수 항목 : 성명, 생년월일, 주소, 전화번호, 직장, 경력사항 등

【 개인 정보 수집 목적 】
○ 고객관리에 활용하기 위하여 개인 정보를 수집합니다.

【 개인 정보 보유 기간 】
○ 정보 주체 개인 정보는 원칙적으로 개인 정보의 수집 및 이용목적이 달성되면 지체 없이 파기합니다. 단, 아래의 이유로 명시한 기간 동안 보존합니다.
 - 보존기간 : 2년
 - 보존사유 : 공공기록물관리법 보유 기간 책정 기준표에 의거

개인 정보의 수집 및 이용목적에 동의하십니까? ☐ 동의함 ☐ 동의하지 않음

2. 매장 서비스 수준 평가지

구분	서비스 내용	행동 포인트	응대 기준표				
			매우 부족	부족	보통	우수	매우 우수
서비스 1	고객에게 인사	태도					
		몸짓대화					
		어조					
		재치					
		호칭					
		주의력					
		안내					
		문제해결					
서비스 2	식사 전 에피타이저 제공	태도					
		몸짓대화					
		어조					
		재치					
		호칭					
		주의력					
		안내					
		문제해결					
서비스 3	주문 받기	태도					
		몸짓대화					
		어조					

		재치					
		호칭					
		주의력					
		안내					
		문제해결					
서비스. 4	주방에 주문서 제공	태도					
		몸짓대화					
		어조					
		재치					
		호칭					
		주의력					
		안내					
		문제해결					
서비스. 5	에피타이저 제공	태도					
		몸짓대화					
		어조					
		재치					
		호칭					
		주의력					
		안내					
		문제해결					
서비스. 6	메인 요리 제공	태도					
		몸짓대화					
		어조					

		재치					
		호칭					
		주의력					
		안내					
		문제해결					
서비스 7	추가 주문 제공	태도					
		몸짓대화					
		어조					
		재치					
		호칭					
		주의력					
		안내					
		문제해결					
서비스 8	접시 치우기	태도					
		몸짓대화					
		어조					
		재치					
		호칭					
		주의력					
		안내					
		문제해결					
서비스 9	디저트 주문 받기	태도					
		몸짓 대화					
		어조					

			재치					
			호칭					
			주의력					
			안내					
			문제해결					
서비스. 10	디저트 제공		태도					
			몸짓대화					
			어조					
			재치					
			호칭					
			주의력					
			안내					
			문제해결					
서비스. 11	계산서 제공		태도					
			몸짓 대화					
			어조					
			재치					
			호칭					
			주의력					
			안내					
			문제해결					
서비스. 12	계산		태도					
			몸짓대화					

		어조					
		재치					
		호칭					
		주의력					
		안내					
		문제해결					
서비스 13	계산 후 잔돈 지불, 신용카드 영수증 제공	태도					
		몸짓 대화					
		어조					
		재치					
		호칭					
		주의력					
		안내					
		문제해결					

3. 검수 일지

검수 일지					점주	사장
일자 :						
순번	품명	규격	단위	수량	단가	상태
1						
2						
3						
4						
5						
6						
7						
8						
9						
10						
11						
12						
13						
14						
15						

4. 식자재 재고 조사표

일자 :	식자재 재고 조사표				점주	사장
순번	품명	규격	단위	재고량	출고량	상태
1						
2						
3						
4						
5						
6						
7						
8						
9						
10						
11						
12						
13						
14						
15						

5. 식자재 출고 청구서

물품출고청구서

No. _____

작 성 부서명		청 구 일 자	년 월 일	출고지시	
				출고일자	
청구 사유				출 고 자	㉘
				인 수 자	㉘
번 호	품명 및 규격	단 위	수 량	단 가	금 액	비 고
계						

부록 233

6. 주간업무 일지

주간업무일지

결재	담당	실장	과장	사장

작성일   작성자

항목\날짜	금일 업무 사항	진행 업무 사항	실적목표(%)	특기사항
월 (○일)				
화 (○일)				
수 (○일)				
목 (○일)				
금 (○일)				
토 (○일)				
건의사항				

주 간 업 무 상 황		
작성기간	20○○년 ○월 ○일 ~ 20○○년 ○월 ○일	
지난주 실천사항	세부 추진 사항	실적 목표
금주 계획사항	세부 추진 사항	예상 목표
특기 사항		
지시 사항		

참고문헌

강병용·김석현·엄희원·판추이(2023). "외식 브랜드 충성도 모형 연구: 진성성, 신뢰, 인게이지먼트를 중심으로." 호텔관광연구 25.5 35-52.

경봉(2021). "초고층 주상복합 아파트의 구매선택요인과 라이프스타일이 만족과 지속거주의도에 미치는 영향." 국내박사학위논문 동명대학교 대학원부산

고동우(1998). 관광 후 평가 개념의 경험적 구분. 관광학연구, 22(2), 309-316.

고민정(2022). 서빙 로봇이 외식산업에 미치는 영향 음식점 서빙 로봇에 대한 고객의 인지된 가치가 서비스 신뢰와 재이용의 의도에 미치는 영향. 초당 대학교 대학원 석사학위논문.

구본자·임현철(2022). 외식산업종사원의 친사회적 행동과 외식서비스품질이 고객만족에 미치는 영향. 외식경영연구 25(1), 7-29.

김기중(2022). 외식전문점의 서비스품질과 고객만족 및 고객 충성도 간의 구조적 영향 관계: 가격공정성의 조절효과. 대전대학교 대학원 박사학위논문.

김대환(2023). "외식업체의 비대면 서비스 사용성이 지각된 가치와 고객만족 및 충성도에 미치는 영향." 국내박사학위논문 동의대학교 대학원, 부산 김동준·최현준·조환기·양정윤(2020). 호텔산업의 언택트 마케팅 사례연구, 호텔경영학연구, 29(4), 205-218.

김동준·홍동표(2013). 호텔 브랜드이미지, 고객만족, 충성도 간의 구조관계 연구. 호텔리조트연구, 12(2), 182-198.

김섭(2023). 외식기업의 CSV(Creating Shared Value)활동이 브랜드 이미지와 브랜드 충성도의 구조적 관계 - CSV활동 적합성의 조절효과 중심으로. 국내박사학위논문 가톨릭관동대학교 대학원, 강원도

김성은(2020), SOR 모형을 활용한 소셜미디어 이벤트 팬 페이지 이용자 행동 연구, MICE관광연구, 제21권, 제3호, , pp. 151-171.

김용균(2017). The Next Big Thing, 서비스 로봇 동향과 시사점(보고서 번호:S17-06). 대전: 정보통신기술진흥센터.

김주연·이영남·김태희(2007). "테마 레스토랑의 물리적 환경과 인적 서비스가 고객이 느끼는 감정 및 행동의도에 미치는 영향." 관광연구저널 21.2 91-107.
김태호·김학선(2016). 수정된 기술수용모형을 이용한 푸드테크산업 소비자의 배달앱 기술수용의도에 관한 연구. 관광학연구, 40(5), 127-144.
김하은. "감정노동자의 감정조절 정도가 직무만족, 상사와의 관계를 통한 고객만족에 관한 연구." 국내석사학위논문 광운대학교 대학원, 2019. 서울
김민경·문주현(2011). "호텔 레스토랑 스토리텔링이 고객만족과 재방문의도 및 구전의도에 미치는 영향." 호텔관광연구 13.2 : 137-150.
박성연·이유경(2006). "브랜드 개성과 자아이미지 일치성이 소비자 만족, 소비자-브랜드 관계 및 브랜드 충성도에 미치는 영향: 한국 소비자들의 브랜드 개성과 소비자-브랜드 관계유형 인식을 중심으로". 광고학연구. 17(1), 7-24.
박시원·정욱(2019), "지역이벤트 분야 내 소비자들의 신정보매체 기술수용의도에 관한 연구". 호텔경영학연구, 28(5), 15-30.
박정자·김동수·김호석(2021). 가공식품의 추구혜택이 고객만족과 구매의도에 미치는 영향. 외식경영연구 24(6), 33-56.
박현길(2016). 푸드테크. Marketing, 50(1), 42-50.
백봉현(2020). 음식 산업의 대세. 푸드테크 로봇 동향. 한국로봇산업진흥원.
백채환·강준모(2023). "커피전문점의 ESG 경영에 대한 소비자의 평가가 장기 지향성과 고객 충성도에 미치는 영향: 한국인과 외국인 조절효과를 중심으로." 商品學研究 41.2 : 31-41.
변금섭·어윤선(2022). 푸드테크(Food-Tech) 기술이 적용된 외식기업의 서비스품질과 외식소비성향이 고객만족 및 재방문의도에 미치는 영향. 외식경영연구 25(5), 25-62.
서문식·안진우(2009). 고객참여가 서비스접점에서 서비스제공자와의 상호작용과 감정적 요소에 미치는 영향-사회교환의 감정이론을 중심으로. 경영학연구, 38(4), 897-934.
송주완(2021). 외식브랜드의 캐릭터 콜라보레이션 특성이 고객만족 및 고객 충성도에 미치는 영향. 한국외식산업학회지 17(1), 163-180.
송주완·이미남(2021). 혼자식사(혼밥)의 메뉴 품질이 지각된 가치 및 고객만족에 미치는 영향 : 1인 배달음식 중심으로. 한국외식산업학회지 17(4), 107-121.

안주영·조용현(2006). 패밀리 레스토랑의 고객충성도에 따른 고객세분화에 관한 연구: 행동적 충성도와 태도적 충성도를 이용한 교차분류를 중심으로. 관광학연구 30(5), 91-113.

양성미(2023). "한식당 서비스품질이 지각된 가치, 고객만족, 충성도에 미치는 영향." 국내박사학위논문 동의대학교 대학원, 부산

왕정·김연성(2019). 온라인 쇼핑몰에서 서비스회복 방식이 고객용서를 매개로 고객 행동의도에 미치는 영향 – Sor 모형을 기반으로.품질경영학회지. 47(3), 615

우창훈(2022). 피부관리샵에서의 고객만족 요인이 고객충성도에 미치는 효과. 단국대학교 경영대학원 석사학위논문.

윤재현·임현철(2022). 외식기업의 브랜드 확장 전략이 이미지, 고객신뢰, 고객만족에 미치는 영향. 외식경영연구 25(3), 7-32.

의연군(2021) "공익연계 라이브 커머스의 특성이 이용자 구매의도에 미치는 영향." 국내석사학위논문 한양대학교 대학원, 서울

이보순·박기홍(2014). 로컬푸드의 브랜드자산이 소비자 만족과 고객충성도에 미치는 영향–완주 로컬푸드를 중심으로. 외식경영연구, 17(4), 367-393.

이선민(2014). "비언어적 커뮤니케이션이 고객만족과 재방문 의도에 미치는 영향". 경운대학교 산업정보대학원 석사학위논문.

이선일·김윤민(2021). 디저트 카페의 소비경험이 고객만족에 미치는 영향: 외식소비성향의 조절효과를 중심으로. 한국조리학회지 27(11), 167-177.

이은수(2017). 지역주민과 방문객의 관광자원에 대한 가치 인식과 추천의도. 호텔경영학연구, 26(7), 297-313.

임한웅·배인호(2022). "레스토랑의 비대면 서비스 사용성이 브랜드 만족과 브랜드 충성도에 미치는 영향 : 시니어 소비자를 중심으로." 산업혁신연구 38.4 218-228.

전영호(2001). 외식종사원의 고객만족 교육훈련에 관한 연구. 경기대학교 박사학위논문.

전현태·이준혁·이경일(2022). "로하스 라이프스타일이 건강식 레스토랑 선택, 신뢰, 만족과 충성도에 미치는 영향." 호텔관광연구 24.1 61-77.

정수민·고호용(2023). 외식산업 키오스크의 특성이 고객만족과 사용 의도에 미치는 영향 –외식업체 키오스크 이용자를 중심으로. 한국외식산업학회지 19(4), 179-193.

Acosta, L., González, E., Rodríguez, J. N., & Hamilton, A. F. (2006). Design and implementation of a service robot for a restaurant. International Journal of Robotics & Auto- mation, 21(4), 273-281. B.Weiner,"An Attributional Theory of AchievementMotivation and Emotion,"Psychological Review, Vol.92,pp.548-73,Oct.1985.

B.Weiner,"Attributional Thoughts about Consumer Behavior,"J .of Consumer Research, Vol.27,No.3,pp.382-387,2000.

Bitner, M. J. (1992). Servicescapes: The impact of physical surrounding on consumersand employee. J ournal of Marketing, 56, 57-71.

Boulding, W., Kalra, A., Staelin, R., & Zeithaml, V. A. (1993). A dynamic process model of service quality: from expectations to behavioral intentions. Journal of marketing research, 30(1), 7-27.

Cha, S. S.(2020), Customers' intention to use robotserviced restaurants in Korea: relationship of coolness and MCI factors, International Journal of Contemporary Hospitality Management, 32(9) , 2947-2968.

Cheng Dong.(2019), Introduction to New Media in the Intelligent Era. Qinghua University Press, 2019, 26-27

Fusté-Forné, F., & Jamal, T.(2021), Co-Creating New Directions for Service Robots in Hospitality and Tourism, Tourism and Hospitality, 2(1), 43-61.

Joon-Ho Shin(신준호)(2023). "The Relationship between Exporters and the long-term orientation of Intermediaries in Korea: Using the SOR Model." 貿易學會誌 48.3 151-176.

저자 소개

신 신자

저자는 국내에서 족발로 가장 유명한 ㈜장충동왕족발의 CEO로서 제24대 대전상공회의소 부회장을 역임하였다. 2008년 제42회 납세자의 날 대전지방국세청장상을 수상하였다.

저자는 부산시 동래구에 내려가 장충동왕족발 체인점을 열어 '고객 최우선주의'라는 기치를 걸어 특유의 섬세함과 배려로 전국 1등 매장으로 자리매김하였다. 이후 어려운 처지에 놓인 본사를 2001년에 인수해 세간에 큰 화제가 됐다.

대전 은행동에서 처음 시작된 ㈜장충동왕족발은 저자가 인수한 이후 꾸준한 도약으로 전국적인 프랜차이즈로 성장했다. 현재 전국에 물류 네트워크와 180여 개의 전국 체인점을 보유한 동종업계 1위를 고수하고 있다. 특유의 담백한 제품력으로 믿고 찾는 브랜드 파워와 유명세를 떨치고 있으며, 유사 상표까지 등장할 만큼 인기다.

소설가 미우라 아야꼬 문학관에서 더불어 사는 사회의 가치, 깨달음을 얻어 ㈜장충동왕족발은 체인점과 직원들이 행복한 기업, 사회와 상생하는 착한 기업으로도 명성이 높다.

이를 위하여 매출 수익의 30% 이상을 직원들의 인센티브로 지원하며, 수익의 10%는 사회에 환원하고 있어 사회의 귀감이 되고 있다. 2002년도에는 존 로빈스의 '음식혁명'이라는 책을 접하며 바른 먹거리에 대한 관심이 커져 전 세계의 건강한 바른 먹거리를 찾아서 국민들에게 제공하기 위하여 연구하고 있으며, 제품으로 출시하고 있다.

저서로는 「농촌을 살리는 융복합산업혁명」, 「고객의 만족도를 높이는 음식점 안전·위생 관리 노하우」, 「노인의 무병장수를 위한 건강한 영양과 식단」, 「음식점 창업과 경영 전략」, 「족발의 비밀과 메뉴」 등이 있다.

음식점 창업과 경영 전략

초판1쇄 인쇄 : 2024년 7월 20일
초판1쇄 발행 : 2024년 7월 20일
지은이 : 신신자
펴낸이 : 류윤엽
출판사 : 핸뉴북스
주소 : 서울, 종로구 사직로8길 4, 광화문 스페이스본 101동 204호
전화 : 02-732-0202
e-mail : hennewbooks@naver.com
등록번호 : 제(979-11) 988330호
※ 잘못된 책은 바꾸어 드립니다.
※ 무단복제를 금합니다.

ISBN 979-11-988454-0-5(13320)

값 16,000원